Vitamine für's Bewusstsein

Das Geheimnis zwischen Ihrem Kopf und
außergewöhnlichen Erfolgen

Dieses Buch ist das Bindeglied
zwischen Ihren Wünschen und
dem Erreichen derselben.

Für meine Frau,
seit über zwanzig Jahren die Quelle
meiner Inspiration.

Der Autor:

Heinz-Jürgen Scheld, Waldorfschüler, Studium der Betriebswirtschaft, Jura und Psychologie. Proband am Salk Institut in La Jolla, Kalifornien, Mitwirkung am Aufbau einer Seminarreihe für Persönlichkeitsentwicklung. Berufspilot und Fluglehrer. Beruflicher Aufstieg bis in leitende Funktion in einem amerikanischen multinationalen Unternehmen. Mitinhaber verschiedener Unternehmen in Dänemark und Deutschland. Begründer der KEET-Theorie. Ab 1985 Entwicklung der Seminarreihe KEET Success Mind. Seit 1995 Reisen und Expeditionen mit einer Segeljacht zu den entlegensten Winkeln dieser Welt. Die teilweise intensiven Erfahrungen auf diesen Expeditionen haben die Effektivität der bei KEET vermittelten geistigen Erfolgsspielregeln und Grundsätze, selbst in extrem Ausnahmesituationen bestätigt. Die Erkenntnisse und Erfahrungen auf diesen Reisen sind in die heutigen KEET- Success-Mind-Seminare eingeflossen.

1. Auflage
© Copyright 1993 - Mrz. 2009 by KEET Foundation, Schweiz
© 2008 Copyright Heinz-Jürgen Scheld
Herstellung und Verlag: Books on Demand GmbH, Norderstedt
Umschlaggestaltung: Georg Hahn, Aufgeweckte Werbung, Baumweg 16. 60316
Frankfurt am Main
Alle Rechte vorbehalten

Dieses Buch ist allen gewidmet,
die Außergewöhnliches leisten
und zu den Leistungsträgern unserer
Gesellschaft gehören wollen.

Inhaltsverzeichnis

Was in aller Welt sind Vitamine fürs Bewusstsein?	6
Verhaltens- und Erfolgsmuster.	16
Wo kommen unsere angestrebten Erfolge her?	19
Geistige Bilder und Erfolgsvitamine – Ihre mächtigen Verbündeten.	23
Die vier Arten der Verhaltensprogrammierung	30
Die verbale Programmierung.	33
Die bildhafte Programmierung.	41
Die Erfahrungs-Programmierung.	49
Die Suggestions-Programmierung.	55
Wie steht es um Ihre Erfolgsvitamine?	56
Das Wissen der besonders erfolgreichen Menschen!	64
Lebensgestalter und Lebensopfer.	69
Gewinner und Verlierer.	78
Dem Erfolg verpflichtet.	82
Der Erfolgsmaßstab.	92
Chancen und Risiken.	97
Seriosität, Akzeptanz und Bewunderung.	105
Positive und negative Motivation.	112
Wachsen… wachsen… wachsen… Sie.	117
Werbung und Erfolg.	122
Annahme und Ablehnung.	127
Erfolg schaut auf Ergebnisse.	136
Entweder oder Überfluss.	141
Erfolg und Vermögen.	148
Vom gute Umgang mit wirtschaftlichen Erfolgen.	153
Intelligente Erfolge, die für Sie arbeiten!	161
Erfolg bedeutet seine Angst besiegt zu haben.	169
Das Wissen des Lebens.	184
Womit soll ich jetzt beginnen?!?!	194
Was unsere Teilnehmer berichten	199
Danksagung	205
Einmaliges Angebot.	206

Es kommt nicht darauf an, wer Sie heute sind, sondern wer Sie bereit sind zu werden.

Was in aller Welt sind Vitamine für's Bewusstsein?

Mit diesem Buch finden Sie die Gründe heraus, warum es manchen Menschen bestimmt zu sein scheint, überaus erfolgreich zu sein und anderen nicht. Sie werden die Ursachen für Niederlagen, Mittelmaß und immensen Erfolg besser verstehen lernen und spätestens dann beginnen, Ihre angestrebte Zukunft selbst in die Hand zu nehmen. Sie werden erkennen, welche Einflüsse aus Ihrer Kindheit Sie heute noch, in Form von Erfahrungen und Gewohnheiten, steuern und oft genug ins Abseits manövrieren.

Die in diesem Buch angebotenen Vitamine für Ihr Bewusstsein bilden das Bindeglied zwischen Ihren Wünschen und dem Erreichen Ihrer angestrebten Erfolge. Es führt zu einer von Daniel Goleman[1] propagierten „intelligenten" emotionalen Intelligenz, die in der Praxis funktioniert und außergewöhnliche Erfolge ermöglicht. Für viele sind das Welten, die sich nicht so einfach verbinden lassen. Möglicherweise haben Sie bereits viele Bücher gelesen, CDs gehört und Seminare besucht, um zu erfahren, wie Sie diese Welten miteinander vereinigen, um Ihre angestrebten Erfolge realisieren zu können. Was ist danach passiert? Ich vermute, Sie haben außer einem kurzzeitigen Motivationsschub nichts weiter Wesentliches erlebt.

---

[1] **Daniel Goleman** (* 1946 in Stockton, Kalifornien, USA) Er lehrte als klinischer Psychologe an der Harvard-Universität, war Heraugeber der Zeitschrift Psychology Today und ist seit mehreren Jahren Redakteur für Psychologie und Neurowissenschaften bei der New York Times. Bekannt wurde er durch sein 1995 erschienenes Buch EQ: Emotionale Intelligenz, das international zum Bestseller avancierte. 2006 ließ er mit „Soziale Intelligenz" ein Buch folgen, in dem zwischenmenschlicher Umgang und das Verhalten in sozialen Zusammenhängen im Vordergrund stehen.

Bewusstseinsvitamine helfen Ihnen, neue „Erfolgskonzepte" als Erfolgsmuster in Ihrem Bewusstsein zu etablieren. Dabei werden Sie herausfinden, wie Ihr Denken und Handeln in Bezug auf Erfolg konditioniert ist und Sie erfahren Schlüsselstrategien zum Optimieren dieser Verhaltensmuster. Wir beleuchten außerdem die Denkstrukturen äußerst erfolgreicher Menschen und wie sie sich von den weniger erfolgreichen unterscheiden. Neben den Vitaminen für Ihr Bewusstsein gebe ich Ihnen Unterstützungsmaßnahmen und Übungen an die Hand, mit denen Sie die Grundbausteine für stetig steigende und intelligente Erfolge legen. Gleichzeitig erfahren Sie, wie Sie die „Vitamine für's Bewusstsein" Schritt für Schritt als „Erfolgskonzepte" in die Praxis umsetzen und weiter verstärken.

Zu Beginn unserer Seminare schockieren wir den einen oder anderen unserer Teilnehmer mit den Worten: „Glauben Sie uns kein Wort von dem, was Sie in den nächsten Tagen hören werden." Mit dieser Aussage wollen wir darauf hinweisen, dass es zum einen keine allgemeingültige Wahrheit gibt und zum anderen jeder Mensch absolut individuell ist. Unsere Einmaligkeit fordert von uns, angebotene Konzepte zu überprüfen und, wenn Sie zu uns passen, auf unsere einzigartige Persönlichkeit abzustimmen.

Die Erkenntnisse und angebotenen Konzepte in diesem Buch beruhen auf einem jahrtausendealten Wissen, modernen wissenschaftlichen Erkenntnissen und persönlichen Erfahrungen. Sie sind von meiner Frau und mir, dem KEET-Team und den Teilnehmern unserer Seminare tausendfach angewendet worden - und die erzielten Ergebnisse sprechen für sich. Deshalb bin ich überzeugt, dieses Buch wird auch Ihr Leben verändern, sofern Sie bereit sind, sich über das Lesen hinaus einzulassen und auszuprobieren! Wenn Sie dazu bereit sind, werden Ihre Erkenntnisse zu sensationellen Ergebnissen führen.

Wenn eines der angebotenen Konzepte für Sie nicht funktionieren sollte, weil es überhaupt nicht zu Ihrer Persönlichkeit passt, sortieren Sie es aus. Aber bitte verwerfen Sie es erst, nachdem Sie es erprobt haben, denn vorher würde es Ihnen an der Erfahrung mangeln, sagen zu können, ob das Konzept funktioniert oder nicht. Aus diesem Grunde möchte ich Sie bitten, dieses Buch nicht einfach nur zu lesen, sondern regelrecht zu studieren und mit Liebe für das Detail auszuprobieren. Tun Sie dabei so, als wäre es Ihre letzte Chance im Leben. Sie ist es natürlich nicht, aber diese Einstellung wird Ihre Erfahrungen mit diesem Buch intensivieren und Ihnen deutlicher bestätigen, dass es funktioniert. Ohne eigene Erfahrungen, werden Sie nie zu den Wissenden gehören, höchstens zu den Gläubigen. Berücksichtigen Sie, Glaube, ohne zu handeln, hat noch nie und wird nie zu besonderen Ergebnissen und deshalb auch nicht zu außergewöhnlichen wirtschaftlichen Erfolgen führen.

In diesem Buch werden Sie erkennen, warum fachliche Kompetenz und vorgefertigte Konzepte zum positiven und zielorientierten Denken nicht ausreichen, um die alleinige Kontrolle über Ihr zukünftiges erfolgreicheres Leben zu erhalten. Natürlich ist fachliche Kompetenz wichtig für unsere Erfolge, ebenso wie positives und zielorientiertes Denken. Zielgerichtete und lebensfördernde Gedanken können darüber hinaus unsere Gesundheit und unser Wohlbefinden steigern, aber - und ich betone dieses „ABER" überdeutlich - positive Denkweisen und Motivation alleine haben so gut wie keine Auswirkungen auf unser Leben, wenn sie nicht mit voller Überzeugung durch unsere Verhaltensmuster unterstützt werden. Aufgesetzte positive Denkweisen, vermögen uns sogar zu schwächen, sollten wir durch den Rückfall in unser altes Schema dem Glauben verfallen, all unsere Möglichkeiten ausgeschöpft zu haben, wenn es darum geht, in unserem Leben etwas zu verändern.

Menschen, die glauben, mit aufgesetzten Verhaltensweisen Erfolge realisieren zu können, haben noch nicht verstanden, dass sich die beiden Fakultäten Bewusstsein und Unterbewusstsein nicht nur gegenseitig beeinflussen, sondern auch voneinander abhängig sind. Unser Bewusstsein ist ein kreativer Speicher, der Gedanken miteinander kombinieren und neu erzeugen kann. Unser Unterbewusstsein ist ein Speicher instinktiver und erlernter

Konditionierungen[2]. Entsprechende Reize aktivieren diese Programmierungen und lassen uns – auf die gleichen Signale – oft zu unserem Nachteil immer mit dem gleichen Verhalten reagieren.
Wer zum Beispiel als Kind gelernt hat, dass man eine Zahnpastatube nach der Benutzung zudreht, den kann es verrückt machen, wenn er heute eine Zahnpastatube offen vorfindet und vielleicht sogar noch das erste Stück der Zahnpasta eingetrocknet ist. Der Ärger über diese Kleinigkeit stellt eine Stimulusreaktion des im Unterbewusstsein gespeicherten erlernten Verhaltens dar.
In Bezug auf unsere angestrebten und unverwirklichten Erfolge sind es die gleichen Stimulusreaktionen, die eine Realisierung verhindern. Dieser Umstand ist der Hauptgrund, warum sich die meisten Menschen kaum über Ihre bekannten Erfolge hinaus entwickeln. Viele sammeln sogar aufgrund solcher Stimulusreaktionen eine Niederlage nach der anderen ein. Das liegt daran, dass ihre Verhaltensmuster nicht auf ihre angestrebten Erfolge ausgerichtet sind. Ohne diese Ausrichtung haben sie so gut wie keine Chance, ihre größeren Ziele zu erreichen. Alle dahin gehenden Anstrengungen, werden wenig bis keine Veränderung zum Besseren bringen.
Die „Vitamine für's Bewusstsein", die ich Ihnen in diesem Buch anbiete, werden die beiden Fakultäten Bewusstsein und Unterbewusstsein miteinander verbinden. Mit der Anwendung der zusätzlich angebotenen Maßnahmen werden die neu in Ihrem Bewusstsein etablierten Erfolgsmuster Sie dabei unterstützen, Ihre angestrebten Ziele zu erreichen.
Erfahrene Leser, die sich mit verschiedenen Zusammenhängen in diesem Buch schon befasst haben, wird auffallen, dass ich bei den Erfolgsvitaminen teilweise die Zukunftsform verwende. Also zum Beispiel: *„Ich bewundere und liebe erfolgreiche Menschen und ‚werde' einer von ihnen",* anstelle von: *„Ich bewundere und liebe erfolgreiche Menschen und ‚bin' einer von ihnen."* Dahinter steckt die Absicht, Ihren Glauben an die Affirmation zu erleichtern.

---

[2] **Hans Spada**, Lehrbuch der Allgeneinen Psychologie

Denn der Glaube ist wichtiger als eine korrekte Formulierung. Sollten Sie bereits gewohnt sein, Zielbilder als erreicht, also im Präsens, zu formulieren, dann tun Sie es bitte. Es wird die Effektivität des Erfolgsvitamins weiter erhöhen.

A m allerwichtigsten ist jedoch, dass Sie sich nach dem Einnehmen der Erfolgsvitamine wohlfühlen, am Ende der jeweiligen Unterstützungsmaßnahmen daran glauben können und Ihr Freiheitsgefühl gestiegen ist. Dann sind Sie auf dem richtigen Weg.

Falls Sie davon ausgehen, dass der Autor dieses Buches, der hier über Erfolgsvitamine in Form von „Erfolgsformeln" schreibt, schon immer erfolgreich war, dann muss ich Sie enttäuschen. Ich wollte, es wäre so gewesen! Zwar hatte ich immer den starken Wunsch erfolgreich zu sein, aber was ich auch unternahm, ich war höchstens Mittelmaß. Obwohl ich mir einredete, ich hätte mein Leben im Griff, war die Wahrheit eine andere: Ich arbeitete bis zu sechzehn Stunden am Tag, und trotzdem standen die Ergebnisse in keinem Verhältnis zu dem Aufwand, den ich betrieb. Es fiel mir auf, dass andere, die in der gleichen Branche tätig waren, viel erfolgreicher waren als ich! Ich begann zu zweifeln und mich zu fragen: „Hast du vielleicht keine ausreichenden Potenziale?"

Als ich wieder einmal auf zu vielen Hochzeiten tanzte, fand ich mich plötzlich in einer Situation wieder, die mir viel Zeit zum Nachdenken gab. Statt des angestrebten Erfolgs hatte ich mich übernommen und musste für sechs Monate mit Tuberkulose in ein Sanatorium. Plötzlich verfügte ich über jede Menge Zeit. Ich begann mich zu hinterfragen und meine Überzeugungen zu überprüfen. Dabei stellte ich fest, ich sprach zwar immer davon, eines Tages sehr erfolgreich und reich zu sein, aber gleichzeitig hatte ich große Probleme damit. Meine Großmutter, bei der ich aufwuchs, war der festen Überzeugung, alle erfolgreichen Menschen seien Gauner, die auf Kosten anderer ihr Vermögen gemacht hätten. Zum einen wollte ich kein Gauner sein, und zum anderen stellte ich bei meinen Ermittlungen fest, dass ich innerlich große

Versagensängste hatte. Meine Ängste, kein ausreichendes Potenzial für einen erfolgreichen Geschäftsmann zu besitzen, wurden übermächtig. Ich glaubte mehr und mehr daran, dass mir ein Leben voller Mühen, vielleicht sogar Armut vorbestimmt sein könnte. Meine Nachforschungen brachten mich in immer tiefere Bedrängnis. Mit einem Rest von Selbstbewusstsein beschloss ich: „Falls dir ein derartiges Schicksal bestimmt ist, wirst du dich keinesfalls damit abfinden." Glückliche Umstände brachten mich in eine Situation, in der mir ein sehr erfolgreicher Mann sagte: „Wenn du dir einen Erfolg vorstellen kannst, kannst du ihn auch erreichen. Hast du bei der Realisierung Schwierigkeiten, dann bedeutet dies nur, du hast noch etwas zu lernen."
Normalerweise wäre dieser Satz an mir abgeprallt, denn bis vor Kurzem bin ich noch so von mir eingenommen gewesen, dass ich davon überzeugt war, alles Notwendige bereits zu wissen. Aber meine Krankheit und meine Überlegungen hatten mich sensibler gemacht, und so löste dieser Satz etwas in mir aus und erst recht der Folgende: „Reiche Menschen haben sehr ähnliche Denkgewohnheiten, die sich aber völlig von den Denkweisen der erfolglosen unterscheiden." Plötzlich ging mir ein Licht auf! Die Denkstrukturen erfolgreicher Menschen bestimmen ihre Vorgehensweisen und damit ihre Ergebnisse. Wenn ich diese Denkstrukturen erfahren und übernehmen könnte, dann sollten auch mir meine angestrebten Erfolge möglich sein. Ich begann zu studieren und lernte alles, was es über die in uns ablaufenden gedanklichen Prozesse und die damit einhergehenden emotionalen Strukturen zu lernen gab. Dabei begriff ich: Jede Gesellschaftsschicht folgt ihren eigenen Denkgewohnheiten, und so denken minder Privilegierte anders als die Mittelschicht und erfolgreiche und reiche Menschen noch einmal ganz anders. Plötzlich war mir klar, wie meine bisherige Denkweise über erfolgreiche Menschen meinen Erfolg behindert und wie meine Ängste meinen inneren Reichtum blockiert hatten – und damit meinen äußeren Reichtum fernhielten.

Mein nächster Schritt bestand darin, Strategien und Techniken kennenzulernen und mir anzueignen, mit denen ich mein Denken so verändern konnte, dass ich es den Denkweisen der Erfolgreichen anzupassen vermochte. Parallel dazu erprobte ich meine Erkenntnisse in der Praxis. Ich begann im Vertrieb eines amerikanischen Unternehmens, wo ich binnen drei Jahren vom Verkäufer über den Gebietsverkaufsleiter zum Vertriebsleiter und schließlich zum stellvertretenden Geschäftsführer befördert wurde. Danach zog es mich in die Selbstständigkeit. Seit dieser Zeit habe ich es mir angewöhnt, meine Beweggründe noch eingehender zu hinterfragen. Sobald Widerstände, schwierige Zeiten, aber auch leichte Geschäfte versuchten, mich zum Nachlassen zu bewegen, begann ich meinen Beweggründen nachzugehen. Ich fing an, schon beim Erkennen jeden Ansatz einer kontraproduktiven Einstellung infrage zu stellen. Dabei entdeckte ich, dass mein Verstand, dem ich bisher blindlings vertraute, in vielen Fällen mein größter Verhinderer war. Ich erkannte, dass er von Erfahrungen und Gewohnheiten beeinflusst wurde, die meinem Ziel, sehr erfolgreich zu werden, im Wege standen.

Ich entwickelte die Übungsform der KEET Eigendialogkommunikation[3], die Idee und erste Ansätze zu dieser Fragetechnik entstanden am Salk Institut[4] 1972. Mit dieser Übungsform gelang es mir und später den Teilnehmern meiner Seminare, Verhaltensmuster zu erkennen und individuell anzupassen. Mit dieser Übungsform erfolgt die Neuausrichtung von innen heraus, ohne Beeinflussung von außen! Es entsteht, in Übereinstimmung mit Ihrer individuellen Persönlichkeit, ein innerer Antrieb, der Sie beim Erreichen Ihrer Ziele unterstützt, also genau das, was wir einen

---

[3] **KEET-Eigendialogkommunikation.** Bei dieser Trainingsmethode handelt es sich um eine ausgefeilte Fragetechnik, bei der Sie in einen Dialog mit sich selbst treten. Die Ursprungsidee zu dieser Fragetechnik entstand 1972 am Salk Institut für biologische Studien, La Jolla, Kalifornien, USA. (Jonathan Salk, Nobelpreisträger für Medizin 1944) Die Übungsform wird bis heute ständig weiterentwickelt.
[4] **Salk Institut**, La Jolla, Kalifornien; eines der führenden Institute in Kalifornien für biologische Studien, gegründet von dem Nobelpreisträger **Jonathan Salk**. Er erhielt 1944 den Nobelpreis für Medizin (Entwicklung des Kinderlähmungs-Impfstoffes).

„Winning Spirit" nennen. Er ist in der Lage die vorprogrammierten Verhaltensmuster in Ihrem Unterbewusstsein anzupassen oder neu auszurichten.

Die Gründe für die Entwicklung der KEET Eigendialogübungen waren persönliche Erfahrungen auf von mir besuchten Seminaren, wo mir immer wieder auffiel, dass zwei Teilnehmer nebeneinandersitzen und das Gleiche hören konnten; während bei dem einen eine Initialzündung erfolgte, geschah bei dem anderen praktisch nichts. Die Ursachen vermutete ich in Folgendem: Bei dem einen Teilnehmer passte die angebotene Seminar-„Software", das vorgefertigte Konzept, zu seinem biologischen Computer (Gehirn / Bewusstsein), wohingegen der andere damit wenig anfangen konnte. Sie war mit seiner Persönlichkeit nicht kompatibel.

Mit den von mir entwickelten KEET Eigendialogübungen begannen die Teilnehmer auf unseren Seminaren zum ersten Mal ihre eigene Software zu schreiben - mit durchschlagendem Erfolg! Von Anfang an erzielten alle Teilnehmer wesentlich bessere Ergebnisse, als ich es erwartet hatte. Verhaltensmuster und angestrebte Ziele passten plötzlich zur individuellen Persönlichkeit des Teilnehmers, wodurch die angestrebten Ziele plötzlich um ein Vielfaches schneller und effektiver realisiert wurden. Zudem realisierten sich die Erfolge harmonischer.

Dabei haben unsere Teilnehmer im Wesentlichen etwas getan, was sie eigentlich gar nicht auf einem Seminar erwartet hatten. Statt zu lernen, haben sie verlernt. Denn gerade unsere Kenntnisse sind es oft, die uns an Erkenntnissen hindern! Unsere Denkmuster, Erfahrungen, Verhaltensweisen und Gewohnheiten haben uns zu dem gemacht, der wir heute sind. Wenn Sie damit so erfolgreich sind, wie Sie es gerne sein möchten, dann freut mich das für Sie und Sie können dieses Buch, zumindest heute, eigentlich zur Seite legen. Falls Sie jedoch der Meinung sind, noch etwas zulegen zu können, dann lade ich Sie zum Weiterlesen ein. Denn dieses Buch wird Ihnen einen Weg anbieten, wie Sie bisher für unmöglich erachtete Erfolge realisieren können. Einiges, was Sie lesen werden, wird vielleicht nicht in Ihre bisherigen Schubla-

den passen und auch nicht in Ihr Bild von dem, was Sie für richtig halten, aber wenn Sie trotzdem bereit sind, etwas Neues auszuprobieren, werden Ihre Erfolge Sie mehr als überzeugen.
Obwohl ich Ihnen zu Beginn des zweiten Absatzes empfohlen habe, mir kein Wort zu glauben, möchte ich Sie jetzt auffordern, den in diesem Buch angebotenen Konzepten zu vertrauen und diese bewusst auszuprobieren. Tun Sie es, nicht weil Sie mir blindlings vertrauen sollen, sondern weil es Ihr Leben zum Positiven verändern wird, so wie das Leben vieler vor Ihnen. Dazu müssen Sie allerdings bereit sein, sich selbst zu vertrauen und die angebotenen Erfolgsvitamine durch Anwendung einzunehmen.

Kennen Sie die Geschichte von dem Wanderer, der an einer Klippe entlangläuft, ausrutscht und sich gerade noch an der Kante festhalten kann. Ihm erscheint es, als könnte er sich nicht alleine aus seiner misslichen Lage befreien, und so beginnt er, um Hilfe zu rufen. Da niemand antwortet, ruft er immer lauter: „Hallo, hallo, ist denn da niemand, der mir helfen kann?" Plötzlich hört er eine tiefe freundliche Stimme: „Hier spricht Gott, dein ‚höheres Selbst', ich kann dir helfen! Habe Vertrauen zu dir, du schaffst es." Es folgt eine tiefe Stille! Und dann ruft die verzagte Stimme des an der Klippe Hängenden: „Ist denn niemand sonst da, der mir helfen kann?"
Die Quintessenz aus dieser Geschichte lautet: Wer seine Lebensqualität durch seine Erfolge auf ein höheres Niveau bringen will, der muss bereit sein, sich selbst zu vertrauen, damit er seine überholten Denk- und Lebensweisen anpassen und sich neue aneignen kann.
In diesem Buch geht es vorwiegend um wirtschaftlichen Erfolg, Wohlstand, Freiheit und Unabhängigkeit, um das damit verbundene Glück in unser Leben treten zu lassen. Natürlich haben unsere Überzeugungen und Gewohnheiten in allen anderen Lebensbereichen den gleichen Einfluss. Auch in diesen Bereichen unseres Lebens lassen sich dauerhaft ungeahnte Verbesserungen

er-zielen, wenn optimierte und neue Verhaltensmuster entwickelt und angewendet werden.
Sind Sie dazu bereit?

> Erfolgsmuster sind der Treibstoff, der Sie zu
> außergewöhnlichen Erfolgen bringt.

Verhaltens- und Erfolgsmuster

Wir leben in einem dualen Universum. Licht bringt Schatten hervor, ein Tag ist ohne Nacht nicht zu verstehen. Ohne zu wissen, was heiß ist, können wir kalt nicht erfahren. Oben kann ohne unten nicht sein und äußere Spielregeln können nicht ohne innere existieren. Wenn es äußere Erfolgsgesetze gibt, muss es auch innere geben. Die äußeren sind Fachwissen, Wirtschafts- und Finanzmanagement und qualifizierte Führungsstrategien oder die immer wichtiger werdende Teamfähigkeit. Diese Befähigungen sind wichtig, aber ebenso wichtig sind Ihre inneren Qualitäten. Ein Bootsbauer braucht gutes Werkzeug zum Bau eines Schiffes. Viel wichtiger für das Ergebnis sind aber seine inneren Qualitäten, die es ihm ermöglichen, seine Werkzeuge meisterhaft zu nutzen.

Sie dürfen sich zuerst auf den Weg machen, durch das Anpassen und Neustarten von Erfolgsmustern zu der Person zu werden, die in der Lage ist, ihre angestrebten Erfolge zu realisieren. Erst dann werden Sie diese Ergebnisse auch tatsächlich verwirklichen können. Um ein wenig mehr darüber zu erfahren, wer Sie heute sind, beantworten Sie sich die folgenden Fragen:

- Wer bin ich …?
- Was denke ich …?
- Woran glaube ich …?
- Welche Überzeugungen habe ich …?
- Welche Gewohnheiten habe ich …?
- Wie denke ich über mich …?
- Was denke ich über andere …?
- Vertraue ich anderen …?
- Kann ich mir vertrauen …?
- Stehen mir Erfolg und Wohlstand zu …?

- Kann ich trotz Furcht und Widerständen handeln ...?
- Treiben mich meine Stimmungen, oder bestimme ich die Richtung ...?

Machen Sie sich bewusst, dass die Beantwortung dieser Fragen Ihren Charakter zeigt, der zu einem wesentlichen Teil für Ihren Erfolg oder Misserfolg verantwortlich ist. Wozu ich sie motivieren möchte, ist: Befassen Sie sich mit Ihren Verhaltensmustern, die Sie behindern, damit diese aufhören, Ihre erweiterten Erfolge zu unterlaufen.

Da vielen Menschen dies nicht bewusst ist, laufen sie oft ihr Leben lang angestrebten Erfolgen hinterher, ohne sie jemals zu erreichen. Andere starten durch, verlieren jedoch alles wieder. Wieder andere haben die tollsten Geschäftsideen, setzen sie aber nicht um. Alles nur, weil Verhaltensmuster nicht angepasst sind.

Für jemanden, der sich in einer solchen Situation nur oberflächlich betrachtet, sind oft Pech, falsche Mitarbeiter oder Geschäftspartner, seine Kunden, mangelndes Kapital oder eine Wirtschaftsflaute verantwortlich. Wer hingegen genauer hinschaut, wird erkennen: Verantwortlich sind seine Denkweisen und inneren Überzeugungen. Er hat noch nicht die erforderlichen inneren Potenziale und Fähigkeiten zum Realisieren seiner angestrebten Ziele entwickelt, weshalb sich abzeichnende und erreichte Erfolge oft wieder in Luft auflösen. Lottogewinner sind ein perfektes Beispiel dafür.

Der französische Regisseur François Truffaut[5] gehörte zu den Menschen, die gewannen, alles verloren und wieder gewannen. Er sagte einmal dazu: „Pleite zu sein ist ein vorübergehender Zustand, Armut eine Geisteshaltung."

---

[5] **François Truffaut** wurde 1932 als uneheliches Kind geboren. Er begann 1951 als Filmkritiker und wurde 1957 Filmproduzent mit einer eigenen Firma. 1959 sein Filmdebüt „Sie küssten und sie schlugen ihn", es folgten „Die Unverschämten" und 1968 „Geraubte Küsse". 1970 drehte er „Tisch und Bett" und 1979 „Liebe auf der Flucht". Unvergessen auch „Das grüne Zimmer" und „Die letzte Metro". Truffaut starb 1984 im Alter von 52 Jahren.

Das Problem der meisten Menschen besteht darin, dass ihr Erfolgsbarometer auf das Erwirtschaften ihres Lebensunterhaltes ausgerichtet ist. Folglich werden sich auch nur Erfolge einstellen, die ihnen dieses angestrebte Einkommen ermöglichen. Wer hingegen solche Einschränkungen aufhebt und bereit ist, seine unerschlossenen Fähigkeiten und Potenziale zu erschließen, wird Erfolge realisieren, die ihn wirtschaftlich in ganz andere Größenordnungen katapultieren werden.

Eine von dem Zukunftsforscher John Hormann durchgeführte IBM-Studie ergab, dass heute über 80 Prozent der Menschen niemals Erfolge realisieren werden, die sie wirtschaftlich unabhängig machen. Aus diesem Grunde, war keiner der Befragten in der Lage zu behaupten, wirklich glücklich zu sein. Der Grund ist einfach. Diese Menschen überprüfen ihre Überzeugungen nicht, sie leben auf einem hohen rationalen Niveau in der für sie logischen Welt und machen andere für Situationen verantwortlich, in denen Erwünschtes ausbleibt. Sollten Sie solche Tendenzen an sich entdecken, wird Ihnen dieses Buch helfen, sie zu überwinden. Dies ist unumgänglich, wenn Sie sich weit über Ihre heutigen Möglichkeiten hinaus entwickeln möchten.

Ihre Erfolge sind der physische Ausdruck Ihrer Überzeugungen.

Wo kommen unsere angestrebten Erfolge her?

Wenn Sie sich das bisher Erreichte als die Früchte Ihres Lebens vorstellen, und wenn Sie diese Früchte weiter verbessern wollen, weil sie Ihnen noch nicht schmackhaft genug sind, wo würden Sie dann anfangen? Die meisten Menschen folgen der heute üblichen Vorgehensweise. Sie richten ihre Aufmerksamkeit auf die Früchte, die bisherigen Ergebnisse ihres Lebens. Aber wo liegt der Ursprung Ihrer Lebensfrüchte, wo kommen sie her? Ihr Ursprung liegt unter der Erde. Es ist der Samen, der Wurzeln ausbildet und den Baum wachsen lässt, an dem dann als Ergebnis die Früchte wachsen. Das Unsichtbare bringt das Sichtbare hervor. Wenn Sie Ihre äußeren Ergebnisse verbessern wollen, dürfen Sie einen guten Samen sähen, der dann unsichtbar im Boden reift, bis er letztlich Ihre verbesserten Erfolgsfrüchte sichtbar werden lässt. Sie müssen das Unsichtbare optimieren, um das Sichtbare weiter zu verbessern.

Unsichtbare Kräfte haben unsere Erde hervorgebracht! Unsere Planeten umgibt ein unsichtbares Magnetfeld, das sie auf Kurs hält! Ohne diese unsichtbaren Kräfte würde unser ganzes physisches Universum nicht existieren.

Nach einem Vortrag über Raum und Zeit sagte einmal ein Zuhörer zu Albert Einstein: „Nach meinem gesunden Menschenverstand kann es nur das geben, was man sehen und überprüfen kann!" Einstein lächelte und antwortete: „Dann kommen Sie doch bitte mal nach vorne und legen Sie Ihren gesunden Menschenverstand hier auf den Tisch."

Elektrizität, die unsere ganze moderne Welt am Laufen hält, ist unsichtbar. Trotzdem hören wir immer wieder das Argument: „Ich glaube nur an das, was ich sehe." Wenn wir solche Aussagen hören, fragen wir gerne einmal: Warum bezahlen Sie dann Ihre Stromrechnung? Der Strom aus Ihrer Steckdose ist doch un-

sichtbar. Aber wenn Sie an seiner Existenz zweifeln oder daran, was er zu leisten imstande ist, können Sie ja einmal einen Finger in die Steckdose stecken. Besser nicht!
Wir nutzen unsichtbare Energien überall in unserem Alltag. Weshalb Sie, wie Sie noch eingehendst in diesem Buch erfahren werden, davon ausgehen können, dass alles Unsichtbare viel stärker ist als das Sichtbare. Überall auf unserer Welt bringen unsichtbare Ideen die sichtbaren Erfolge hervor. Moderne Wissenschaftler[6] aus der Quantenphysik und anderen Bereichen beginnen, diesen Zusammenhang im Bereich von Bewusstsein und Materie zu verstehen und wissenschaftlich nachzuweisen.
Inwieweit Sie der modernen Wissenschaft bereits folgen und deren Erkenntnisse heute schon leben, können Sie an der Qualität Ihrer Lebensbedingungen erkennen. Solange jemand der Tatsache widerspricht, dass seine Gedanken die Voraussetzung für physisches Entstehen sind, verstößt der Betreffende gegen eine grundlegende Spielregel unseres Universums. Er erlegt sich damit Einschränkungen auf, die es ihm schwer machen werden, wesentlich mehr als seine bisherigen Erfolge zu realisieren. Wer jedoch bereits mit dem Naturgesetz „Meine Wurzeln gestalten mein Leben" konform geht, wird seine Verhaltensmuster pflegen und dadurch innerlich wachsen. Erst durch die Pflege unserer Erfolgsmuster in unserem Bewusstsein werden sich selbst außergewöhnliche Erfolge harmonisch realisieren lassen. Andernfalls sollten sich die Betreffenden auf sehr böige Zeiten einstellen.

---

[6] **Prof. Dr. David Albert,** Professor und Direktor für philosophische Grundlagen der Physik, Universität von Columbia.
Prof. Dr. med. Stuart Hameroff, Professor für Anästhesiologie und Psychologie und Direktor für Bewusstseinsstudien, Universität von Arizona, Tucson. **Dr. Amit Goswami,** Professor der Physik, Universität von Oregon in Eugene. **Dr. Candace Pert** forscht im Bereich nicht toxischer Medikamente, die selektiv die Rezeptorenstellen für das AIDS-Virus blockieren. Ihr Bestseller „Die Moleküle der Gefühle" ist ein bemerkenswertes und weithin beachtetes Buch. **Dr. Fred Alan Wolf,** Physiker, Dozent und Schriftsteller. Er untersucht die Beziehungen zwischen menschlichem Bewusstsein, Psychologie, Physiologie, Mystik und Religion. Er ist anerkannt für die Vereinfachung der neuen Physik und als Autor des Buches „Der Quantensprung ist keine Hexerei" ausgezeichnet worden.

Selbst wenn Sie den modernen Wissenschaftlern nicht folgen wollen, schauen Sie in die Natur. Überall bringt das Unsichtbare das Sichtbare hervor. Es ist geradezu sinnlos, sich auf die Erträge zu konzentrieren, die Sie bereits angebaut und eingebracht haben. Auf sie haben Sie keinen entscheidenden Einfluss mehr. Sie können aber Ihre Ergebnisse von morgen verbessern, wenn Sie die Samen verbessern, die Wurzeln pflegen und ihnen den Humus geben, der sie, in die von Ihnen gewünschte Richtung, wachsen und gedeihen lässt.

Wer sich zur Verbesserung seiner Ergebnisse um seine Samen, die Wurzeln und den Humus kümmern will, muss wissen, woraus sein „Sein" besteht und wo es etwas zu stärken und zu verbessern gilt.

Unser „Sein" erstreckt sich über mindestens vier unterschiedliche Bereiche, nämlich unserem physischen, mentalen, emotionalen und spirituellen Bereich. Die von John Hormann durchgeführte IBM-Studie ergab als weiteren wesentlichsten Grund, warum über 80 Prozent der Menschen in unserer westlichen Hemisphäre mit ihrem Leben nicht zufrieden sind, dass sie nicht erkennen, dass ihre physische Welt nur ein Ausdruck der anderen drei Bereiche ihres Seins ist.

Wenn wir mit der Leistung unseres Computers nicht mehr zufrieden sind, ist es doch selbstverständlich, die veraltete Software gegen eine geeignetere und effizientere auszutauschen. Oder nehmen wir an, Sie haben auf Ihrem Computer etwas geschrieben und wollen diese Seite nun ausdrucken. Als Sie das Blatt vorliegen haben, stellen Sie einen Fehler fest. Wahrscheinlich würden Sie kaum auf die Idee kommen, den Fehler auf der Seite auszuradieren und dann auszubessern. Das wäre nicht sehr ökonomisch, denn beim nächsten Ausdruck wäre der gleiche Fehler wieder da. Also gehe ich davon aus, dass Sie den Fehler mit der Schreibsoftware Ihres Computers beheben und die Seite dann erneut und ohne Fehler ausdrucken. Womit er nie mehr auftauchen wird.

Ist es dann nicht recht erstaunlich, dass viele Menschen auftretende Fehler dadurch tilgen wollen, indem sie diese auf der physischen Seite auszuradieren versuchen. Sie lesen Bücher und besuchen sogar Seminare, wie man am besten Fehler ausradiert. Kaum scheint es ihnen gelungen, stellen sie mit Verwunderung fest, dass bei nächster Gelegenheit der gerade erst vermeintlich getilgte Fehler wieder auftritt. Genau wie bei der ausgedruckten Seite.

Sollte auf der physischen Seite Ihres Lebens ein Fehler auftreten, so können Sie diesen zwar ausradieren, aber bei nächster Gelegenheit wird er wieder auftreten. Ein Problem in unserer physischen Welt kann auf Dauer nur im Programm der drei unsichtbaren Welten unseres Seins behoben werden.

Erfolg, Gesundheit, Reichtum oder eine harmonische Partnerschaft sind alles nur Ergebnisse, die aus den mentalen, emotionalen und spirituellen Bereichen Ihres Seins hervorgehen. Deshalb stellen Misserfolge nicht das Problem dar. Sie sind nur die Symptome der Vorgänge unter der Oberfläche, innerhalb ihres Unterbewusstseins. Ihre äußeren Lebensbedingungen spiegeln nur Ihre innere Welt wider, bestehend aus Ihren Erfahrungen, Denkweisen und Überzeugungen. Wenn Sie mit Ihrer äußeren Welt unzufrieden sind, dann liegt das daran, dass Sie in Ihrer inneren unzufrieden sind. Äußere Zufriedenheit werden Sie nur erreichen können, indem Sie innerlich zufrieden werden.

Henry Ford hat recht, wenn er in Bezug zur Macht des Geistes sagt: „Ob du glaubst, du kannst es, oder ob du glaubst, du kannst es nicht – du hast recht."

Erfolg setzt Handeln voraus.
Außergewöhnliche Erfolge setzen außergewöhnliches Handeln voraus.

Geistige Bilder und Erfolgsvitamine – Ihre mächtigen Verbündeten

Auf unseren KEET-Success-Mind-Seminaren setzen wir zum Optimieren und Ausrichten unserer inneren Lebensbedingungen ganz spezielle KEET Eigendialogübungen ein. Leider können wir diese äußerst effektiven Übungen in einem Buch nicht benutzen. Aber es gibt eine andere Möglichkeit, unsere äußere Welt von innen heraus zu optimieren. Dazu werde ich Sie auffordern, zu den einzelnen Erfolgsvitaminen, die Sie in diesem Buch kennenlernen werden, geistige Bilder entstehen zu lassen und diese mit dem jeweiligen Vitamin zu verbinden. Anschließend werde ich Sie bitten, Ihre Hand auf Ihr Herz zu legen und das Erfolgsvitamin laut auszusprechen. Danach werde ich Sie auffordern, mit einem weiteren Erfolgsvitamin Ihre Hand auf Ihre Stirn zu legen. Mit diesen Handlungen verbinden Sie die Erfolgsvitamine mit Ihrem Körper. Durch diese Vorgehensweise werden die Erfolgsvitamine zu einem mächtigen Verbündeten, denn Sie starten damit ein neues Erfolgsmuster, das Sie gleichzeitig als Information an unser Universum senden. So pflanzen Sie in Ihrem Bewusstsein einen Samen und geben ihm den Humus, der ihn aufgehen und prächtig gedeihen lassen wird.

Wichtig ist, mit dem eben beschriebenen Vorgehen bekunden Sie eine offizielle Absicht und erklären damit, eine besondere Maßnahme ergreifen und umsetzen zu wollen. Daher müssen Ihre geistigen Bilder unbedingt so kreiert sein, dass Sie die darin enthaltene Umsetzung positiv stimmt. Sie sollten sich aus Ihrem Inneren heraus motiviert fühlen, alle erforderlichen Maßnahmen zu ergreifen und Ihre Absicht in die Tat umzusetzen. Ihre Augen sollten idealerweise funkeln vor Begeisterung, wenn Sie sich für die Umsetzung entscheiden.

Es ist empfehlenswert, sich möglichst jeden Morgen in den ersten dreißig Tagen die Erfolgsvitamine mit den dazugehörenden geistigen Bildern vor Augen zu führen und sich mit den Handbewegungen erneut dafür zu entscheiden. Noch mehr beschleunigen können Sie das Wachstum Ihrer gesäten Samen, indem Sie Ihre Erfolgsvitamine mit geistigem Bild und Handbewegungen vor einem Spiegel einnehmen. Ich empfehle dies allerdings nur zu praktizieren, wenn Sie alleine zuhause sind. Es könnte sonst zu Missverständnissen kommen.

Wenn das Ganze neu für Sie ist, kann ich mir gut vorstellen, dass Sie sich sagen: „... so einen Quatsch mache ich ganz sicher nicht. Was soll das bringen? Das ist doch höchstens esoterischer Humbug ..."

Bruce H. Lipton[7], PH. D., wurde international bekannt durch seine Forschungen mit geklonten Zellen an der Stanford-Universität. Er erkannte, dass das Leben einer Zelle durch ihre physische und energetische Umgebung bestimmt wird - und nicht wie bisher angenommen durch ihre Gene. Er räumte mit dem Dogma in der Biologie auf, dass wir störanfällige biochemische Maschinen sind, die durch ihre Gene fremdbestimmt gesteuert werden. Mit seinen Forschungen sorgte er in der Wissenschaft für die Erkenntnis, dass wir machtvolle Schöpfer unseres eigenen Lebens und unserer Welt sind. Er schrieb dazu: „... Ich habe mein Wissen dazu genutzt, das Drehbuch meines Lebens umzuschreiben. Wir alle haben begriffen, Wissen ist Macht – das Wissen über uns selbst verleiht uns deshalb Macht über uns selbst. Überzeugungen, die Ihr Leben bestimmen, können falsch und sehr einengend sein. Sie können solche Überzeugungen bis in die zellulare Ebene hinein

---

[7] **Dr. Bruce H. Lipton** ist international für seine Forschungen bekannt, in denen er Wissenschaft und Geist miteinander verbindet. Als Zellbiologe lehrte er an der medizinischen Fakultät der Universität von Wisconsin und arbeitete mehr als 18 Jahre als Forscher an der medizinischen Fakultät der Stanford-Universität auf dem Gebiet der geklonten Zellen. Seine bahnbrechenden Erkenntnisse über die Zellmembran machten ihn zu einem Pionier der neuen Wissenschaft der Epigenetik. Heute hält er Vorträge in der ganzen Welt über die Neue Biologie. Sein Buch „Intelligente Zellen" fand große Beachtung.

ändern und damit das Steuer Ihres Lebens wieder übernehmen und sich auf den Weg machen zu Gesundheit und Erfüllung. Dieses Wissen ist machtvoll, ich weiß das. Das Leben, das ich mir mithilfe dieser Erkenntnis erschaffen habe, ist viel reicher und zufriedener. Ich frage mich nicht mehr, wer ich gerne sein möchte, denn die Antwort ist selbstverständlich geworden: Ich will ich selbst sein ..."!

Auf unserem KEET-Success-Mind--Seminaren dringen wir mit Unterstützung der erwähnten modernen Wissenschaftler, zu denen darüber hinaus L. A. Pray[8], Paul H. Silverman[9] und W. Reik und J. Walter[10] gehören, so weit in diese Materie ein, dass Sie genau nachvollziehen können, warum die beschriebene Vorgehensweise beim Einnehmen der Erfolgsvitamine äußerst wirkungsvoll funktioniert. Außerhalb unserer Seminare sind die in diesem Buch beschriebenen Vorgehensweisen die effektivsten, um die Information bis zu Ihren Zellen durchdringen zu lassen.

Als ich zum ersten Mal von derartigen Vorgehensweisen hörte, war dies zu einer Zeit, da man über solche Ideen allerhöchstens mitleidig lächelte, eher noch Gefahr lief, in entsprechende Einrichtungen eingeliefert zu werden, wenn man zu viel davon erzählte. Ich war deshalb als verstandesorientierter Mensch mehr als skeptisch. Aber ich dachte, sollte es nicht helfen, so wird es mir auch nicht schaden, und wenn es hilft, dann bringt es mich ein Stück in meine Richtung. Also habe ich es ausprobiert. Das Ergebnis waren durchschlagende Erfolge, genau wie bei unseren Seminarteilnehmern. Falls Sie immer noch skeptisch sind und zweifeln, gestatten Sie mir einen Blickpunkt: Ist es nicht besser,

---

[8] **L. A. Pray** schrieb in 2004 „Epigenetics: Genome, Meet Your Environment". The Scientist.

[9] **Paul H. Silverman** schrieb in 2004 „Rethinking Genetic Determinism: With only 30.000 genes, what is it makes humans human?" The Scientist.

[8] **W. Reik und J. Walter** schrieben in 2001 „Genomic Imprinting: Parental Influence on the Genome". Nature Reviews Genetics.

ein wenig vermeintlichen Humbug zu betreiben und dabei erfolgreicher zu werden, als seinen Erfahrungen folgend wenig bis gar nichts zu bewegen?

Okay, wenn Sie bereit sind mitzumachen, können wir darangehen, das erste Erfolgsvitamin kennenzulernen. Es lautet: *„Meine innere Welt erschafft meine äußere Realität."* Lassen Sie jetzt zu diesem Erfolgsvitamin ein positives und motivierendes geistiges Bild entstehen. Haben Sie ein solches Bild? Das ist ausgezeichnet. Legen Sie jetzt Ihre Hand auf Ihr Herz und pflanzen Sie sich dieses Erfolgsvitamin in Verbindung mit Ihrem geistigen Bild in Ihr inneres Energiesystem ein. Dazu sprechen Sie, Ihr geistiges Bild vor Augen, die Erfolgsformel laut aus: *„Meine innere Welt erschafft meine äußere Realität."* Nehmen Sie sich bewusst einen Moment Zeit dafür. Jetzt treffen Sie, immer noch mit Ihrer Hand auf Ihrem Herzen, die Entscheidung: *„Ich entscheide mich für meinen Erfolg."* Anschließend gehen Sie mit Ihrer Hand an die Stirn und sagen: *„Ich denke wie die erfolgreichsten Menschen auf unserem Planeten."*

Wenn Sie auf unsere Website: www.KEETSeminare.com gehen und sich in unserem Log-in-Bereich registrieren, erhalten Sie kostenlos eine grafisch gestaltet Liste mit allen Erfolgsformeln. Die Liste eignet sich zum Einrahmen. Hängen Sie die Liste mit den Erfolgsvitaminen am besten an einem Platz auf, wo Sie Ihnen ins Auge springt. Lassen Sie sich durch die Listemotivieren, immer wieder Ihre geistigen Bilder, die Sätze und die Handbewegungen zu wiederholen. Damit verstärken Sie die Durchsetzungskraft Ihrer neu gestarteten Erfolgsmuster.
Neben den Erfolgsvitaminen biete ich Ihnen Maßnahmen an, mit denen Sie deren Auswirkungen weiter verstärken können. Ohne diese Maßnahmen laufen Sie Gefahr, dass der Start der Erfolgsformeln nicht erfolgreich genug ist, um sich gegen bestehende Verhaltensmuster durchzusetzen. Wenn es Ihnen ernst damit ist, außergewöhnlich erfolgreich zu werden, dann dürfen Sie handeln

und die angebotenen Maßnahmen ebenso gewissenhaft durchführen wie die Einnahme der Erfolgsvitamine.

Ebenfalls auf unserer Website erhalten Sie in unserem Log-in-Bereich eine komplette Liste mit allen Maßnahmen zur Verstärkung der Erfolgsvitamine.

Erfolgsvitamin 1

Ich lege die Hand auf mein Herz und lasse ein geistiges Bild zu dem folgenden Satz, den ich laut ausspreche, entstehen: *„Meine innere Welt erschafft meine äußere Realität."*
Klare Entscheidung: *„Ich entscheide mich für meinen Erfolg."*
Hand auf die Stirn: *„Ich denke wie die erfolgreichsten Menschen auf unserem Planeten."*

Maßnahmen zur Verstärkung des Erfolgsvitamins 1

1. Erinnern Sie sich an eine Situation, in der Sie mit Ihren Ideen einen Erfolg erzielt haben, und notieren Sie das Ergebnis.

2. Wenn es Ihre Idee war, die Sie umgesetzt haben, wer war dann für das Ergebnis verantwortlich?
    i. Wenn Sie es waren, zu Punkt 3.
    ii. Wenn Sie der Meinung sind, Sie waren nicht verantwortlich, zu Punkt 1.

3. Legen Sie Ihre Hand auf Ihr Herz und erkennen Sie sich ausdrücklich als Verursacher Ihres Erfolges an. Sagen Sie laut: *„Ich bin der Verursacher meines Erfolges."*

4. Wo lag der Ursprung meines Erfolges?
    i. Wenn Sie der Meinung sind, der Auslöser war Ihre Idee, zu Punkt 5.
    ii. Wenn Sie der Meinung sind, Ihre Idee hätte nichts damit zu tun, zurück zu Punkt 3 und von dort weitermachen.

5. Wer hatte die Idee?

6. Wo kam die Idee her?

7. Wer hat die Idee umgesetzt?

8. Wer hat gehandelt?

9. Wer erzielte dadurch den Erfolg?

10. Haben Sie Ihren Erfolg mit einer Idee aus Ihrer inneren Welt realisiert?
    i. Wenn ja, zu Punkt 11.
    ii. Wenn nein, zurück zu Punkt 4 und die Übung erneut von dort durchlaufen.

11. Gratulieren Sie sich erneut und sagen Sie laut: *„Ich bin der Verursacher dieses meines Erfolges!"*

12. Laufen Sie diese Maßnahme erneut mit mindestens fünf weiteren Erfolgen durch, die Sie durch Ihre Ideen verursacht haben.

Es kommt nicht auf die Größe eines Erfolges an, sondern nur darauf, dass Sie verinnerlichen: Ihre Denkweisen sind verantwortlich für Ihre äußeren Erfolge.

Lesen Sie bitte erst weiter, wenn Sie diese kleine Übung mindestens fünfmal durchlaufen haben.

Ob Sie Fahrer oder Beifahrer in Ihrem Leben sind, hängt davon ab, ob Sie die Erfolgsmuster in Ihrem Bewusstsein steuern oder von ihnen gesteuert werden.

Die vier Arten der Verhaltensprogrammierungen

Die bestehenden Verhaltensmuster eines Menschen zeigen sich innerhalb kürzester Zeit. Es ist deshalb recht leicht zu erkennen, welche Vorgehensweisen in Bezug auf Erfolg in der entsprechenden Person ablaufen.

Denkschemas bestimmen unser Leben mehr als alles andere. Sie sind, eingebettet in unser Unterbewusstsein, das Gerüst für unsere Erfolge, aber eben auch für unsere Misserfolge. Sie sind den Bauplänen für Schiffe, denen die Bootsbauer folgen, sehr ähnlich. Die in unserem Unterbewusstsein installierten Programmpläne werden von den darin gespeicherten emotionalen Energien ausgeführt. Sie stellen die programmatischen Erbauer unseres Lebensschiffes dar.

Solche Programmpläne stammen zumeist bereits aus unserer Kindheit. Zwar sind wir als einzigartige Erfolgskinder geboren, aber kaum hatten wir das geschafft, begann die Beeinflussung durch unser Umfeld. Zu unserem Umfeld gehörten vor allem unsere Eltern und Geschwister, Freunde und Verwandte. Später kamen Lehrer und Menschen hinzu, denen wir vertrauten und die wir bewunderten. Wir sahen ihre Verhaltensweisen und hörten Aussagen, die sich uns einprägten.

Auf diese Weise wurden sie zu Konditionierungen, die uns zu dem werden ließen, der wir heute sind. Für die überwiegende Mehrheit der Menschen in unserem Kulturkreis gilt deshalb:

> *„Der Idee folgt die Tat,*
> *der Tat die Erfahrung,*
> *der Erfahrung die Gewohnheit,*
> *der Gewohnheit der Charakter*
> *und dem Charakter das Schicksal."*

Dr. Rima Laibow[11] fand heraus, dass die Gehirne von Kindern im Alter von zwei bis sechs Jahren überwiegend im Theta-Wellenbereich (4-8 Hz) schwingen. Dieser Frequenzbereich ist ideal zum Abspeichern der unglaublichen Menge von Informationen, die benötigt werden, um sich an ihre Umgebung anzupassen. Und so beobachten Kinder ihre Umwelt sehr genau. Sie speichern das Verhalten ihrer Umgebung direkt im Unterbewusstsein ab, wodurch die Verhaltensweisen und Überzeugungen des Umfeldes zu ihren eigenen werden.

Können Sie sich vorstellen, was aufgrund dieses ungefilterten Aufzeichnungssystems im kindlichen Bewusstsein ausgelöst wird, wenn ein Kind Aussagen hört wie: „Du dummes Kind, „Das hast du nicht verdient", „Das schaffst du nie", „Das kannst du nicht alleine", „So etwas wie du hätte nie geboren werden dürfen" oder „Du bist ein Schwächling". Das Bewusstsein eines Kindes ist noch nicht ausreichend entwickelt, um zu erkennen, um was für einen verbalen Müll es sich bei solchen Aussagen handelt.

Wenn wir älter werden, ist unser Unterbewusstsein randvoll mit Konditionierungen: vom „Laufen können" bis hin zu der Überzeugung „Ich tauge sowieso nichts" oder dem Wissen „Ich kann alles erreichen, was ich mir vornehme". Aufgrund solcher Programmierungen sind wir dann nicht mehr so leicht zu beeinflussen. In unserem Denken greifen wir stattdessen auf Erfahrungen, Gewohnheiten und Überzeugungen zurück. Da dies ein weitestgehend automatisiertes Verhalten darstellt, haben es die zugrunde liegenden Programmierungen leicht, uns einzureden, alles bereits zu kennen, oder sie nehmen uns den Glauben an die Möglichkeit, unser eigenes Leben in der Hand zu haben.

Aber wir können unseren Erfolg und unser Schicksal auf ein höheres und erfüllteres Niveau bringen. Wer diese positiven Veränderungen in seinem Leben herbeiführen will, darf so ähnlich vorgehen wie bei seinem Computer. Er muss bereit sein, die Prog-

---

[11] Dr. Rima Laibow 1999 Clinical Applications: Medical applications of neurofeedback. Instruction to Quantitative EEG and Neurofeedback. J. R. Evans and A. Abarbanel, Burlington, MA Academic Press.

ramme an seine neuen Ansprüche anpassen. Wenn Sie bessere Ergebnisse in Ihrem Leben erzielen wollen, dürfen Sie Ihre Programmierungen verbessern. Dazu ist es hilfreich, die verschiedenen Arten, wie Sie konditioniert wurden, zu kennen.

1. Verbale Programmierung: Was haben Sie gehört, als Sie klein waren?
2. Bildhafte Programmierung: Was haben Sie in Ihrem Umfeld gesehen?
3. Erfahrungs-Programmierung: Was ist Ihnen als Kind widerfahren?
4. Suggestions-Programmierung: Was wurde Ihnen mental übermittelt?

Diese vier Arten der Konditionierung zu verstehen ist wichtig, wenn Sie Ihre Erfolge weit über Ihre heutigen Möglichkeiten steigern wollen. Deshalb wollen wir sie jetzt in den folgenden Kapiteln näher beleuchten.

Verhaltensprogrammierungen sind bei erfolgreichen Menschen die Antriebsfeder und bei erfolglosen die Erfolgsverhinderer.

Die verbale Programmierung

Haben Sie jemals Formulierungen gehört wie: „Erfolgreiche Menschen sind Verbrecher"; „Um Erfolg zu haben, musst du schwer arbeiten"; „Erfolgreiche Menschen sind rücksichtslos"; „Der Erfolg kommt nicht umsonst"; „Lieber arm und gesund als reich und krank"; „Geld ist die Wurzel allen Übels"; „Glück kann man nicht kaufen"; „Spare in der Zeit, dann hast du in der Not"; „Der Erfolg wächst nicht auf den Bäumen"; „Die Reichen werden immer reicher und die Armen immer ärmer"; „Das ist nichts für uns"; „Nicht jeder kann Erfolg haben"; „Das können wir uns nicht leisten".

Ich erinnere mich, dass meine Großmutter immer sagte: „Wo soll ich das denn hernehmen" oder „Ich habe doch keinen Dukatenesel". Alle Aussagen, die wir in unserer Kindheit über Erfolg und Geld gehört haben, sind in unserem Unterbewusstsein als Verhaltensmuster abgelegt.

Auf einem unserer Seminare hatten wir einen Teilnehmer, Helmut, der überhaupt keine Probleme hatte, immer wieder außerordentliche Erfolge zu realisieren. In den unterschiedlichsten Branchen hatte er Millionen gemacht und wieder verloren. Nachdem er mehrere Häuser und bis zu zehn Autos besessen hatte und sogar zum Unternehmer des Jahres gewählt worden war, wohnte er, als er auf eines unserer Seminare kam, wieder einmal in einer Sozialbauwohnung, weil er alles verloren hatte. Auf dem Seminar wurde ihm seine Konditionierung bewusst. Seine Mutter, die er sehr liebte und bewunderte, hatte ihn konditioniert. Immer wieder hatte sie gesagt: „Erfolgreiche Menschen sind böse Menschen." Ein böser Mensch wollte er nun ganz gewiss nicht sein, und schon gar nicht, dass seine Mutter ihn dafür hielt. Er musste, um seiner Mutter zu gefallen, das durch seine vermeintliche Boshaftigkeit gewonnene Geld wieder loswerden.

Jetzt könnte man auf die Idee kommen und sagen, wenn jemand zwischen der Zuneigung zu seiner Mutter und großartigen Erfolgen entscheiden muss, dann wird er Erfolg und Geld wählen und seine Mutter dann umzustimmen versuchen.
Leider funktioniert unser vermeintlich logisches Denken nicht so. Wann immer sich unsere emotionalen, tief im Unterbewusstsein verankerten Verhaltensmuster und unsere Logik im Widerspruch befinden, gewinnen fast immer die in den konditionierten Verhaltensweisen gebundenen Emotionen.
Helmut fand mit der entsprechenden KEET Eigendialogübung, innerhalb von 20 Minuten die verantwortliche Programmierung und optimierte sie. Heute lebt er überaus erfolgreich in den USA. Seine Mutter unterstützt er großherzig, und sie hält ihn auch nicht für einen bösen Menschen, sondern schwärmt von seiner Großzügigkeit.
Wer bereit ist, das Unkraut seiner überholten Überzeugungen und Verhaltensweisen zu jäten, wird mit einer großzügigen Ernte belohnt.

Es gibt vier eminent wichtige Schritte zum Überholen von Erfahrungsprogrammierungen, die wir die „4 A's" nennen. Ohne die Einhaltung dieser Schritte ist eine Optimierung Ihrer Verhaltenskonditionierungen fast unmöglich.

1. „Anschauen" und identifizieren eines Verhaltensmusters
2. „Anerkennung" eines Verhaltensmusters
3. „Abstand" schaffen zu diesem Verhaltensmuster
4. „Anpassen" des Verhaltensmusters

Alles beginnt mit dem 1. Schritt: dem „Anschauen", dem identifizieren des bestehenden Erfahrungsprogramms. Der 2. Schritt ist die „Anerkennung". Nachdem Sie Ihre Konditionierung erkannt haben, ist es unbedingt erforderlich, dass Sie das Verhaltensmuster anerkennen. Anerkennen bedeutet in Dankbarkeit annehmen und das Verhaltensmuster als Teil von Ihnen wertzuschätzen. Durch diese anerkennende Einstellung nehmen Sie die treibende emotionale Energie aus dem Verhaltensmuster und erhalten die Möglichkeit, sich frei zu entscheiden, ob Sie die Programmierung behalten oder gerne loswerden wollen. Erst wenn Sie bereit sind zu akzeptieren, wer Sie heute sind, können Sie frei wählen, wer Sie morgen sein wollen.

Der 3. Schritt ist das „Anpassen". Anpassen bedeutet, mit dem im zweiten Schritt gewonnenen Abstand zu entscheiden, in welche Richtung Sie Ihre Verhaltensmuster ausrichten wollen. Wenn Sie an diesem Punkt sind, wählen Sie die Anpassung mit Bedacht, denn auf manch törichten Wusch folgt eine grausame Strafe: seine Erfüllung!

Mit den Techniken aus diesem Buch können Sie sehr gut die gewünschten Vitamine Ihrem Bewusstsein zuführen und neue Erfolgsprogrammierungen vornehmen. Sollten Sie weitergehen wollen, dann sind Sie herzlich eingeladen, an einem unserer KEET-Success-Mind-Basic-Seminare teilzunehmen. Dort werden Sie Werkzeuge an die Hand bekommen, mit denen Sie auch Ihre vorhandenen Verhaltensmuster bis in die zellulare Ebene dauerhaft neu programmieren. Das wird Ihr Erfolgsdenken so verbessern, dass Sie in der Lage sind, fast jeden wünschenswerten Erfolg zu kreieren und zu realisieren. Ist das wirklich möglich? Lipton schrieb dazu: „… Die Kontrolle über unser Leben wird im Augenblick unserer Empfängnis nicht einem genetischen Würfelspiel überlassen, sondern in unsere eigenen Hände gelegt. Wir können unsere eigene Biologie und damit unser Schicksal über unsere IMPs[12] steuern.

Bevor wir zu weiteren Maßnahmen und Übungen kommen, die uns helfen, unterstützende Erfolgsstrukturen in unserem Bewusstsein zu etablieren, möchte ich Sie mit einer kleinen Übung

---

[12] **IMPs** sind Wahrnehmungsproteine in der Zellmembran, die als Wahrnehmungsschalter funktionieren. Ihre Aufgabe ist es, auf äußere Einflüsse zu reagieren und diese als Erfahrungen zu speichern, um die Wahrscheinlichkeit des Überlebens, möglichst die Qualität des Lebens, zu steigern. Die Vorgehensweise in diesem Buch stellt nahezu optimale äußere Einflüsse zur Steigerung der Lebensqualität dar.

bekannt machen, die Sie immer dann mit großem Erfolg anwenden können, wenn Sie bei der Identifizierung Ihrer Verhaltensmuster einmal aus dem Gleichgewicht geraten. Sie hilft Ihnen, „Abstand" zu gewinnen und Ihre innere Balance wiederzufinden. Genauso können Sie diese Übung in jeder anderen Situation anwenden, in der Sie sich emotional aufgebracht, aggressiv oder depressiv fühlen. Am besten schließen Sie sich der Übung parallel zu meiner Erklärung gleich selbst an. Bitte machen Sie wirklich mit, denn nur so werden Sie die geradezu unglaubliche Wirksamkeit dieser kleinen Übung erfahren.

Spiegelübung

Lassen Sie bitte vor Ihrem geistigen Auge einen Spiegel entstehen, der Ihnen in Form und Ausführung angenehm ist … Fahren Sie erst fort, wenn Sie Ihren Spiegel ganz klar vor Ihrem geistigen Auge sehen.

Jetzt erinnern Sie sich bitte an eine Situation, in der Sie wirklich ärgerlich, besser noch, richtig wütend waren, beispielsweise als Sie unberechtigterweise beschuldigt oder Ihnen in sonstiger Weise Unrecht getan wurde … Haben Sie eine solche Situation vor Ihrem geistigen Auge? Wenn Sie so weit sind, setzen Sie diese Situation bitte mit allen dazugehörigen Empfindungen, die Sie jetzt wieder spüren, auf Ihren geistigen Spiegel …

Seien Sie gründlich und lassen Sie sich Zeit!

Sehen Sie die Situation, wie sie sich auf Ihrem geistigen Spiegel befindet…! Wenn dies der Fall ist, nehmen Sie einen geistigen Hammer und zerschlagen Ihren Spiegel! Falls Ihnen das zu brutal sein sollte, wischen Sie die Situation mit einem geistigen Reinigungsmittel einfach weg.

Wenn der Spiegel kaputt oder die Situation weggewischt ist, lassen Sie los. Seien Sie dankbar, die Empfindungen des Ärgers losgeworden zu sein. Erst in dem Moment, in dem Sie sich dankbar sind, haben Sie wirklich losgelassen.

Haben Sie losgelassen …?

Sollte Ihnen das Loslassen schwerfallen, wiederholen Sie die Übung bis hierher. Setzen Sie diesmal aber wirklich alle Emotionen mit auf den geistigen Spiegel und zerschlagen Sie ihn noch einmal von ganzem Herzen.

Jetzt erlauben Sie sich, ohne Spiegel, vor Ihrem geistigen Auge die eben zerschlagene Situation so entstehen zu lassen, wie Sie diese in Zukunft gerne erleben möchten. Schmücken Sie das geistige Bild der Situation so angenehm wie möglich aus. Achten Sie darauf, dass Sie die aus der Neukreation resultierenden positiven Empfindungen möglichst im ganzen Körper spüren. Jetzt entscheiden Sie: *„Es wird so sein!"*

Diese Übung sorgt in Ihrem Bewusstsein für eine automatische Anerkennung der Ihnen widerfahrenen Situation und richtet Ihr Verhaltensmuster zumindest teilweise neu aus. Außerdem pflanzen Sie mit Ihrer Entscheidung ein neues Erfolgsvitamin in Ihr Bewusstsein ein und geben diesem neuen Erfolgsmuster Bedeutung. Dadurch wird sich Ihr Denken, Verhalten und Handeln verändern und Sie zu positiveren Ergebnissen führen. Das Anwenden dieser Übung minimiert und kann sogar in manchen Fällen bestimmte emotionale, aggressive und/oder depressive Zustände beenden.

Erinnern Sie sich bitte kurz: Als Sie die unangenehme Situation auf Ihren geistigen Spiegel setzten, kamen alle damit verbundenen Empfindungen mit hoch. Versuchen Sie doch bitte jetzt noch einmal, diese ursprünglichen negativen Empfindungen zu spüren! Sie werden feststellen: Es geht nicht mehr!

 Dieser kleinen Übung sollten Sie sich immer dann bedienen, wenn Sie bei der Anwendung der Erfolgsvitamine innere Widerstände spüren. Denn diese Emotionen entspringen den bestehenden Verhaltensmustern, die starke Verfechter des Status quo sind und deshalb auf diese Weise versuchen, das Bessere zu verhindern. Wenn Ihnen Ihre zukünftigen außergewöhnlichen Erfolge wichtig sind, werden Sie das in Zukunft nicht mehr zulassen und stattdessen diese Spiegelübung anwenden.

Sie lässt sich auch sehr gut einsetzen, um Abstand zu schaffen, oder wenn Sie Gefahr laufen, neue negative Erfahrungen zu machen. So zum Beispiel in Situationen, in denen sich Widerstände Ihren angestrebten Erfolgen in den Weg stellen. Der Vorteil ist, dass Sie auf diese Weise verhindern, unbedacht Verhaltensmuster zu starten, die Ihnen ganz sicher nicht das Gewünschte bringen würden.

Erfolgsvitamin 2

Ich lege die Hand auf mein Herz und lasse ein geistiges Bild zu dem folgenden Satz, den ich laut ausspreche, entstehen: *„Ich starte nur noch Verhaltensmuster, die mich beim Erreichen meiner Erfolge unterstützen."*
Klare Entscheidung: *„Ich entscheide mich für meinen Erfolg."*
Hand auf die Stirn: *„Ich denke wie die erfolgreichsten Menschen auf unserem Planeten."*

Maßnahmen zur Verstärkung des Erfolgsvitamins 2

1. Schreiben Sie Punkt für Punkt auf, was Sie als Kind in Bezug auf Erfolg und Reichtum „gehört" haben.

2. Schreiben Sie Punkt für Punkt auf, wie sich diese Aussagen bisher auf Ihre Erfolge ausgewirkt haben, und erkennen Sie den Einfluss ganz bewusst an.

3. Setzen Sie jeden einzelnen Punkt auf Ihren geistigen Spiegel und zerschlagen Sie den Spiegel.
„Machen Sie erst weiter, wenn Sie sich sicher und ausgeglichen fühlen."

So wie Sie ein Bild in einer Galerie besser sehen können, wenn Sie einen gewissen Abstand haben, so können Sie auch die Auswirkungen Ihrer Verhaltensmuster auf Ihre Erfolge umfassender erkennen, wenn Sie nicht emotional involviert sind. Mit diesem Abstand können Sie erkennen, dass die Konditionierungen nicht Sie selbst und deshalb auch nicht untrennbar mit Ihnen verbunden sind. Sie können ganz anders sein, wenn Sie das wollen.

4. Schaffen Sie jetzt den erforderlichen Abstand, um emotionsfrei die einzelnen aufgeschriebenen Situationen betrachten zu können.

"Sollten Sie aus dem Gleichgewicht geraten, wenden Sie die Spiegelübung an, und machen Sie erst weiter, wenn Sie sich wieder ausgeglichen fühlen."

5. Jetzt kreieren Sie für jede bei Punkt 2 aufgeschriebene Situation ein geistiges Bild, in dem Sie sich in Zukunft so verhalten oder agieren sehen, wie Sie es sich wünschen. Dazu legen Sie bei jedem Bild Ihre Hand auf Ihr Herz und sagen Sie das 2. Erfolgsvitamin laut vor sich hin: *"Ich starte nur noch Verhaltensmuster, die mich beim Erreichen meiner Erfolge unterstützen."*

Bitte lesen Sie erst weiter, wenn Sie die Maßnahme durchlaufen haben.

> Die Kindheit ist ein Quell des Reichtums,
> aber leider auch ein Quell des Mangels.

Die bildhafte Programmierung

Was haben Sie in Ihrer Kindheit gesehen und bis heute mitbekommen, wenn es um Erfolg ging? War Ihr Umfeld erfolgreich oder häuften sich Misserfolge? Waren es Menschen, die über ihre Verhältnisse lebten, oder waren sie sparsam? Waren es ausgebuffte, mit allen Wassern gewaschene Geschäftsleute oder haben sie Geschäfte nicht interessiert? War ihr Verhalten risikofreudig oder eher konservativ? Wurden Erfolge gefeiert oder gaben sie oft Anlass zum Streit? War Geld im Überfluss vorhanden oder musste häufig gespart werden? Gab es öfter Phasen des Mangels oder mehr Phasen der Freude?
Alte Volksweisheiten wie „Der Apfel fällt nicht weit vom Stamm" oder „Wie der Vater so der Sohn" beinhalten weitaus mehr Wahrheit, als ihnen allgemein zugebilligt wird.
Meine Mutter hatte die Angewohnheit, die Weihnachtsgans immer so zu verschnüren, dass Sie möglichst klein wurde. Wenn Sie in den Topf zum Braten kam, sah sie aus wie ein verschnürtes Paket. Ich fand das merkwürdig und fragte sie, warum sie das mache. Sie antwortete: „Keine Ahnung, deine Großmutter hat das immer so gemacht." Also fragte ich meine Großmutter nach dem Warum. Sie sagte: „Weil meine Mutter das immer so gemacht hat." - „Ja, aber warum?", wollte ich wissen, und sie antwortete: „Auch Großmutter hat das schon so gemacht." - „Ich verstehe, aber warum?" - „Soweit ich gehört habe, hatte sie nur einen Topf, der zu klein war für eine Gans, die für die ganze Familie reichen musste." - „Aber dein heutiger Topf ist doch groß genug", stellte ich fest. „Ja schon", entgegnete sie, „aber ich bin es so gewohnt und deine Mutter macht es ja auch so." Ist das nicht interessant?
In meinem Leben habe ich immer wieder die Erfahrung gemacht, dass ich Geschäfte aus dem Boden reißen konnte, aber anschließend Schwierigkeiten hatte, sie zu erhalten. Das ging so lange,

bis ich erkannte, dass schon meine Mutter, die an sich eine gute Geschäftsfrau war, genau das gleiche Problem hatte und ich sie durch übernommene Verhaltensmuster kopierte.
Sie hatte den Zweiten Weltkrieg als Kind erlebt und erfahren müssen, wie schnell man alles verlieren konnte. Sie lebte durch diese Erfahrung nach dem Motto: Gib aus, was du hast, solange du noch kannst. Als ich mir dessen bewusst wurde und mein übernommenes Verhaltensmuster anpasste, gelang es mir endlich, die Früchte meiner Erfolge zu behalten.
Es gibt natürlich auch jede Menge Menschen, die sich genau andersherum verhalten, frei nach dem Motto: „Spare in der Zeit, dann hast du in der Not." Solche Sätze scheinen sinnvoll, sorgen aber leider oft genug dafür, dass sie das Ersparte in der Not wieder ausgeben müssen. Wer durch hinderliche Glaubensüberzeugungen wie „Lieber arm und gesund als reich und krank" konditioniert ist, sollte sich nicht wundern, wenn er recht behält. Besser wäre: „Ich bin reich und gesund." Ein solches Verhaltensmuster wird sich genauso Geltung verschaffen wie „reich und krank" oder „arm und gesund". Treffen Sie Ihre Entscheidung!
Einige von Ihnen werden einwenden, ich bin das genaue Gegenteil meiner Eltern und in manchen Verhaltensweisen das genaue Gegenteil von den Menschen aus meinem Umfeld. Also trifft das bisher Gesagte auf mich nicht immer zu!
Sie haben natürlich recht. Mancher wird zum genauen Gegenteil des sozialen Umfeldes, in dem er aufgewachsen ist. Ob jemand kopiert oder beginnt, das Gegenteil zu sein, hängt davon ab, wie sehr er sich in seiner Kindheit angepasst oder protestiert hat.
Kinder gehen in der Regel nicht zu ihren Eltern und sagen: „Ich würde da gerne einmal etwas mit euch besprechen. Ich bin nicht damit einverstanden, wie ihr über erfolgreiche Menschen denkt, und auch nicht, wie ihr euer Leben führt, und schon gar nicht, wie ihr mich erzieht. Deshalb sollten wir das einmal ausdiskutieren."
Ich bin ziemlich sicher, dass sich Ihre Aussagen stattdessen wohl eher angehört haben wie: „Ihr seid gemein", „Ich hasse euch" oder „So wie ihr werde ich nie", gefolgt von knallenden Zimmertü-

ren und einem möglichst lauten Aufdrehen Ihrer Lieblingsmusik in Ihrem Zimmer.

Diese oppositionelle Übernahme von Verhaltensmustern hat bei Menschen aus einfachen Verhältnissen nicht gerade selten dazu geführt, dass sie sehr erfolgreich und reich wurden. Oft zeigt sich aber gleichzeitig, dass sie ihre Erfolge und ihr Geld nicht glücklich machen.

Das ist eigentlich kein Wunder, denn wenn als Antrieb Protest, Ärger und oft sogar Zorn dahinterstecken, so ist mit dem sich einstellenden Erfolg immer auch Stress verbunden. Von Zeit zu Zeit wird sich ein solcher Mensch nach Ruhe und Frieden sehnen und Überlegungen anstellen, wie er sich aus der Zwickmühle – Erfolg und Ärger – befreien kann. Prompt wird ihm das zugrunde liegende Verhaltensmuster antworten: „Wenn du Stress und Ärger loswerden willst, siehe zu, dass du keinen Erfolg mehr hast. Werde am besten auch dein Geld wieder los, denn das wird dir ebenfalls Probleme bereiten und deinen Frieden stören."

Natürlich läuft eine solche Beeinflussung auf unbewusster Ebene ab, und die Betreffenden beginnen unbewusst, ihren Erfolg zu sabotieren, indem sie beginnen, zu zweifeln und zu zögern und „falsche" Entscheidungen zu treffen.

Jetzt könnte man natürlich annehmen, dass sich nun Frieden einstellt und die Betreffenden glücklich werden. Leider nein, denn der Misserfolg macht es noch schlimmer. Jetzt sind sie zornig, erfolglos und meistens auch noch pleite. In einer solchen Situation wird ihr Verhaltensmuster feststellen: „Jetzt bist du ja wie deine Eltern."

Sie haben ihren Erfolg beseitigt, anstatt ihren Protest und damit die Frucht weggeworfen, anstatt die Wurzel zu verbessern.

Die Feststellung, den Eltern ähnlich zu sein, aktiviert ihre „Ich hasse euch"-Konditionierung und lässt sie wütend protestieren, um erneut voller Stress erfolgreich zu werden. Solange dieses „Ich hasse euch"-Erfahrungsprogramm nicht neu ausgerichtet ist, werden diese Menschen niemals Frieden und Glück empfinden können. Egal, wie viel Erfolg und Reichtum sie anhäufen oder wieder verlieren. Solange die tragenden Wurzeln ihres Erfolges nicht Frieden und Glück sind, sondern Protest, Wut oder der Zwang, „etwas beweisen zu müssen", so lange kann ihnen kein Erfolg und kein Wohlstand dieser Welt Frieden und Glück bringen. Genauso wie die gerade beschriebenen inneren Zwänge kann auch Furcht ein Antrieb sein. Schon in den 70er-Jahren auf den ersten Seminaren, die ich mit weiterentwickelte, haben wir die Teilnehmer gefragt: „Können Sie sich vorstellen, dass Ihr Streben nach Erfolg von Angst bestimmt sein könnte?" Ganz selten hob ein Teilnehmer seine Hand. Wenn wir aber fragten, ob Sicherheit eine Hauptmotivation sein könnte, so meldete sich die überwiegende Zahl der Teilnehmer. Ist das nicht spannend? Ihnen war nicht bewusst, dass Sicherheit und Furcht vom gleichen Grundgedanken ausgehen. Ein Antriebsmuster nach Sicherheit entspringt einer Unsicherheit, die ihre Kraft aus Furcht bezieht.

Die Frage lautet: Lässt sich Furcht durch Erfolg und mehr Geld beseitigen? Viele sind davon überzeugt. Leider heißt die Antwort „Nein!", denn Erfolg und Wohlstand sind nicht die Wurzeln des Problems, sondern die Furcht. Erschwerend kommt hinzu, dass Furcht nicht nur ein Wurzelproblem ist, sondern auch eine Gewohnheit.

Wer unter der Furcht leidet, wird sich davor fürchten, niemals Erfolg zu haben; und wenn er Erfolg hat, wird er vor möglichen Misserfolgen zittern. Hat er kein Geld, wird er sich ängstigen, immer pleite zu sein; und wenn er Wohlstand erreicht hat, wird er davor bangen, ihn wieder zu verlieren. Kein Erfolg und kein Geld der Welt können ihm da ohne die Anpassung und dem Starten neuer Erfolgsmuster heraushelfen.

Möglicherweise werden einige Leser der Ansicht sein, „na, wenn schon Furcht, dann lieber die Sorge davor, nach erreichten Erfolgen mein Geld wieder zu verlieren, als erst gar keinen Erfolg zu haben". Solche Überlegungen werden angestellt, weil viele glauben, Wurzelbehandlungen seien schmerzhaft. Wer beim Zahnarzt schon einmal eine bekommen hat, weiß, es kann wirklich unangenehm sein. Wenn Sie allerdings die in diesem Buch angebotenen Maßnahmen durchführen, werden Sie das Gegenteil feststellen. Sie werden erleben, wie viel Spaß die angebotenen Maßnahmen zur Wurzeloptimierung machen und wie schnell sich danach erste Erfolge zeigen und damit die Freude zunimmt, immer weiterzumachen.

Nun, es steht Ihnen natürlich frei, trotzdem anders zu denken. Ein besonders intelligenter Lebensansatz wäre das allerdings nicht. Jedenfalls dann nicht, wenn Sie neben Erfolgen auch nach mehr Lebensqualität streben. Abgesehen von der Furcht ist die Empfindung, „nicht gut genug zu sein" oder „besser als andere sein zu müssen", ein echter Lebensqualitätskiller. Sollten Sie darunter leiden, wird kein Erfolg und kein Geld der Welt in der Lage sein, Sie besser als andere zu machen. Selbst Ihre Einsicht wird Ihnen nichts nützen, denn genau wie in dem Fall der Furcht sind auch diese Antriebe zu Gewohnheiten geworden, denen man nicht so leicht entfliehen kann. Viele erkennen nicht einmal, dass derartige Verhaltensmuster ihr Leben bestimmen. Im Gegenteil, sie sehen sich als Erfolgsmenschen, entscheidungs- und unternehmensfreudig, die mit großer Entschlossenheit ihre Ziele verfolgen und hart arbeiten. Das sind lauter Eigenschaften, die als positiv bewertet werden. Die Frage ist aber nicht, ob positiv oder negativ, sondern: „Warum?" Aus welcher Konditionierung kommt der Antrieb für ihr Handeln.

Für Menschen, deren Handeln von Notwendigkeiten wie Furcht, Unsicherheit oder Protest bestimmt wird, vermag kein Erfolg der Welt die Wunde dieser inneren Notwendigkeiten zu heilen.

In all dem geht es nur darum, noch deutlicher zu machen, dass Ihre innere Welt Ihre äußere Welt hervorbringt. Wenn Ihr innerer Antrieb „Furcht" ist oder bestimmt wird von „nicht gut genug zu sein" oder „besser sein zu müssen", dann geben Sie diesen Überzeugungen Gültigkeit! Als Folge warten auf Sie in unserer physischen Welt jede Menge Kämpfe. Auseinandersetzungen, in denen Sie werden beweisen müssen, dass Sie besser sind als andere, immer begleitet von der Furcht, es einmal nicht mehr zu sein.

Wenn Sie jedoch den Antrieb, ihre vermeintlichen Notwendigkeiten, optimieren und einen Samen pflanzen, wie „Ich bin und habe viel", dann wird aus dem „Ich bin"-Samen die Pflanze „Viel" hervorsprießen. Als Ergebnis werden Sie, in Harmonie mit sich und Ihrem Umfeld, jede Menge erfüllende Erfolge realisieren. Zunehmender Wohlstand und steigende Lebensqualität werden umgehend folgen.

Indem Sie bereit sind, diesen Zusammenhang zu erkennen und zu verinnerlichen, können Sie Erfolg und Wohlstand durch Freude erreichen. Ein solcher Antrieb wird Ängste und Zweifel minimieren und Sie nicht mehr zwingen, Misserfolge zu haben, um glücklich sein zu können.

Erfolgsvitamin 3

Ich lege die Hand auf mein Herz und lasse ein geistiges Bild zu dem folgenden Satz, den ich laut ausspreche, entstehen: *„Ich gebe meine Nachahmungen zurück und gehe meinen eigenen Weg."*
Klare Entscheidung: *„Ich entscheide mich für meinen Erfolg."*
Hand auf die Stirn: *„Ich denke wie die erfolgreichsten Menschen auf unserem Planeten."*

Maßnahmen zur Verstärkung des Erfolgsvitamins 3

1. Schreiben Sie Punkt für Punkt auf, was Sie als Kind in Bezug auf Erfolg und Reichtum „gesehen" haben.

2. Schreiben Sie Punkt für Punkt auf, wie sich diese Eindrücke bisher auf Ihre Erfolge ausgewirkt haben, und erkennen Sie den Einfluss ganz bewusst an.

3. Setzen Sie jeden einzelnen Punkt auf Ihren geistigen Spiegel und zerschlagen Sie den Spiegel.
„Machen Sie erst weiter, wenn Sie sich sicher und ausgeglichen fühlen."

Achten Sie bei Punkt 4 darauf, so viel Abstand wie möglich zu den aufgeschriebenen Eindrücken zu erreichen, um die Auswirkungen Ihrer Verhaltensmuster auf Ihre Erfolge möglichst umfassend zu erfassen. Erkennen Sie, dass die Konditionierungen nicht sie selbst und auch nicht untrennbar mit Ihnen verbunden sind. Sie können ein ganz anderer sein, wenn Sie das wollen.

4. Schaffen Sie sich jetzt den erforderlichen Freiraum und Abstand, um emotionsfrei die einzelnen aufgeschriebenen Situationen betrachten zu können.

"Sollten Sie aus dem Gleichgewicht kommen, wenden Sie die Spiegelübung an, und machen Sie erst weiter, wenn Sie sich wieder ausgeglichen fühlen."

5. Jetzt kreieren Sie für jede bei Punkt 2 aufgeschriebene Situation ein geistiges Bild, indem Sie in Zukunft so agieren, wie Sie es sich wünschen. Dazu legen Sie bei jedem Bild Ihre Hand auf Ihr Herz und sagen Sie das 3. Erfolgsvitamin laut vor sich hin: *„Ich gebe meine Nachahmungen zurück und gehe meinen eigenen Weg."*

Bitte lesen Sie erst weiter, wenn Sie die Übungen durchlaufen haben.

**Sie allein sind der Schöpfer der Zukunft,
die Ihnen vorschwebt!**

Die Erfahrungsprogrammierung

Erfahrungsprogrammierungen entstehen auch durch persönliche Erfahrungen. Solche aus Ihrer Kindheit sind besonders eindrucksvoll, während die späteren oft nur noch Bestätigungen der ursprünglichen Kindheitserfahrungen darstellen. Konditionierungen durch persönliche Erfahrungen sind deshalb die nachhaltigsten, nach denen Sie heute leben.
Als Ruth, eine Freundin von mir, eines unserer KEET-Success-Mind-Basic-Seminare besuchte, stellte sie erstaunt fest, warum Sie OP-Schwester geworden war. Das für sie eigentlich Überraschende bestand darin, dass ein finanzielles Verhaltensmuster sie dazu gebracht hatte. In Ihrer Familie wurde ständig um Geld gestritten. Ihr Vater war nie eine erfolgreiche Persönlichkeit und mit zunehmendem Alter häuften sich die Niederlagen. Er wurde immer unverträglicher, schmiss einen Job nach dem anderen hin, und so wurde Geldmangel zum Dauerzustand.
Eines Tages stritten sich die Eltern wieder einmal fürchterlich über ihre finanzielle Situation, als der Vater plötzlich, wie vom Blitz getroffen, zusammenbrach. Da sie sich bereits in der Ausbildung zur Krankenschwester befand, leistete sie Erste Hilfe. Aber sie konnte nichts mehr für ihn tun. Ihr Vater starb an einem Gehirnschlag. Seither verband Sie mit wirtschaftlichem Erfolg Schmerz, den schmerzhaften Verlust ihres Vaters. Diese Erfahrung sorgte dafür, dass sie sich ständig in Geldnot befand. Sobald sie etwas Geld übrig hatte, musste sie es sofort ausgeben, weil sie Angst bekam, es könnte etwas Schmerzliches passieren. Außerdem war sie davon überzeugt, dass ihr Geld nicht zustehen würde, weil sie ihren Vater nicht hatte retten können. Gleichzeitig versuchte sie mit ihrer Arbeit im OP immer wieder, ihren Vater zu retten. In der Erfahrung mit ihrem Vater sah sie die Bestätigung einer Kindheits-

erfahrung, in der ihr Opa, in seinem Schrebergarten, einem Herzinfarkt erlag.
Nach Anpassung ihrer Verhaltensmuster ging es steil bergauf. Heute leitet sie ihre eigene mobile Altenbetreuung und ist wirtschaftlich überaus erfolgreich.

Lassen Sie mich ein weiteres Beispiel anführen. Meine Frau hatte als Kind erfahren, wie einfach es ist, Verantwortung abzugeben. Sie bekam einen Kaufladen zu Weihnachten geschenkt. Da es ihr schwierig erschien, ihn alleine aufzubauen, lief sie zu ihrem Vater, der ihr bereitwillig den neuen Kaufladen aufbaute. Sehr zum Leidwesen der restlichen Familienmitglieder, wie sie mir erzählte, denn von diesem Moment an war es unmöglich, ins Wohnzimmer zu kommen und nicht von ihr zu hören: „Sie wünschen bitte?" Aber das nur am Rande. Entscheidend war, sie lernte durch die Hilfe des Vaters, wie einfach es ist, Verantwortung abzugeben und Entscheidungen von anderen treffen zu lassen. Ihr Vater war immer zur Stelle, wenn sie mit Fragen oder mit der Bitte um Hilfe zu ihm kam.
Als wir uns kennenlernten, wollte sie mich selbst bei den kleinsten Einkäufen im Supermarkt dabeihaben. Am Anfang schmeichelte es mir, denn sie gab als Grund an, so gerne in meiner Nähe zu sein. Stutzig wurde ich, als sie plötzlich Tränen in den Augen hatte, weil ich aufgrund eines Termins einmal nicht mitgehen konnte. Die alleinige Entscheidung darüber, was sie einkaufen sollte und wollte, kam ihr übermächtig vor. Auf Ihrem ersten Seminar fand sie das verantwortliche Verhaltensmuster: „Mein Vater muss für mich die Entscheidungen treffen." Plötzlich war klar: Sie erwartete von mir, die Stelle ihres Vaters einzunehmen. Daher passte sie ihr Verhaltensmuster an und wurde äußerst erfolgreich bei der Betreuung unserer Seminarteilnehmer.

Alle möglichen Untersuchungen und Statistiken, egal in welchem Land in der westlichen Hemisphäre, zeigen, dass die häufigste Ursache für Beziehungskrisen Misserfolge und die daraus resultierenden finanziellen Einbußen sind. Der eigentliche Grund aber für derartige Streitereien liegt nicht im Misserfolg oder Geldmangel, sondern in dem Umstand, dass die Verhaltensmuster nicht zusammenpassen.

Es ist völlig egal, wie viel Erfolg Sie haben und wie viel Geld Sie verdienen. Wenn Ihre Konditionierungen nicht zu denen Ihres Partners passen, haben Sie ein ernstes Problem. Das gilt natürlich nicht nur für den Lebenspartner, sondern für alle Lebensbereiche, in denen Sie in Beziehung zu anderen Menschen stehen. Seien es Freunde, Geschäftspartner, Kollegen, Vorgesetzte, Kunden, Mitbewerber oder Familienmitglieder. Wenn die Erfolgskonditionierungen nicht übereinstimmen, wird es Probleme geben. Anstatt sich also über die unterschiedlichen Überzeugungen aufzuregen, tun Sie gut daran, sofern Ihnen die Verbindung wichtig ist, die Konditionierung des Partners herauszufinden. Auf diese Weise brauchen Sie sich nicht über die Früchte aufzuregen, vielmehr können Sie über den Weg des gegenseitigen Verstehens gemeinsame Wege finden, die bestehenden Differenzen in den Verhaltensmustern zu überwinden.

Erfolgsvitamin 4

Ich lege die Hand auf mein Herz und lasse ein geistiges Bild zu dem folgenden Satz, den ich laut ausspreche, entstehen: *„Ich erschaffe mir meine erfolgreiche und erfüllte Zukunft."*
Klare Entscheidung: *„Ich entscheide mich für meinen Erfolg."*
Hand auf die Stirn: *„Ich denke wie die erfolgreichsten Menschen auf unserem Planeten."*

Maßnahmen zur Verstärkung des Erfolgsvitamins 4

Setzen Sie sich mit Ihrem/r Partner/in zusammen und sprechen Sie über „Ihre" Einstellung zum Erfolg. Was haben Sie alles darüber gehört, als Sie jung waren? Was haben Sie gesehen und was selbst erfahren? Was hat Sie emotional bewegt? Wo haben Sie Einstellungen übernommen und mit welchen Verhaltensweisen in Ihrem Umfeld sind Sie auf Protest gegangen? Wahrscheinlich werden sich einige Situationen aus den vorherigen Übungen wiederholen, notieren Sie diese trotzdem erneut.

1. Schreiben Sie abwechselnd Punkt für Punkt auf, was Sie und Ihr Partner als Kind in Bezug auf Erfolg und Reichtum „erfahren" haben.

2. Schreiben Sie abwechselnd Punkt für Punkt auf, wie sich diese Eindrücke bisher auf Ihre Erfolge und die Erfolge Ihres Partners ausgewirkt haben, und erkennen Sie beide den Einfluss ganz bewusst an.

3. Setzen Sie abwechselnd jeden einzelnen Punkt auf den geistigen Spiegel und zerschlagen Sie den Spiegel.
   „Machen Sie erst weiter, wenn Sie sich sicher und ausgeglichen fühlen."

Schaffen Sie so viel Abstand wie möglich zu den aufgeschriebenen Eindrücken, um die Auswirkungen Ihrer Verhaltensmuster auf Ihre Erfolge möglichst umfassend zu erfassen. Erkennen Sie, dass die Konditionierungen nicht Sie selbst und auch nicht untrennbar mit Ihnen verbunden sind. Sie können ein ganz anderer sein, wenn Sie das wollen.

4. Schaffen Sie beide, jeder für sich, den erforderlichen Freiraum und Abstand, um emotionsfrei die einzelnen aufgeschriebenen Situationen betrachten zu können.
   „Sollten Sie aus dem Gleichgewicht kommen, wenden Sie die Spiegelübung an, und machen Sie erst weiter, wenn Sie sich wieder ausgeglichen fühlen."

5. Jetzt kreieren Sie abwechselnd für jede bei Punkt 2 aufgeschriebene Situation ein geistiges Bild, indem Sie in Zukunft so agieren, wie Sie es sich wünschen. Dazu legen Sie beide bei jedem Ihrer Bilder Ihre Hand auf Ihr Herz und sagen das 3. Erfolgsvitamin laut vor sich hin: *„Ich erschaffe mir meine erfolgreiche und erfüllte Zukunft."*

6. Sprechen Sie mit Ihrem Partner darüber, was wirtschaftlicher Erfolg für Sie und für ihn bedeutet. Steht er für Freude, Vergnügen und Freiheit? Oder ist er stress-, sicherheits- und/oder angstmotiviert?

7. Notieren Sie die einzelnen Punkte Ihres Antriebes und die Ihres Partners. Wenn sie angstmotiviert sind, benutzen Sie jeweils den geistigen Spiegel und zerschlagen Sie die Motivation.
   „Sollten Sie aus dem Gleichgewicht kommen, wenden Sie die Spiegelübung an, und machen Sie erst weiter, wenn Sie sich wieder ausgeglichen fühlen."

8. Sprechen Sie darüber, was Sie gemeinsam anstreben wollen. Reden Sie so lange darüber, bis sie Übereinstimmung erzielt

haben, auf welche Weise jeder von Ihnen zur Realisierung Ihres Erfolges und erfüllten Lebens beitragen will. Notieren Sie die Aufgaben und fertigen Sie eine Liste an.

„Sollten Sie Schwierigkeiten haben, sich voller Freude auf die Gemeinsamkeiten auszurichten, wenden Sie die Spiegelübung an, und machen Sie erst weiter, wenn Sie sich ausgeglichen fühlen."

9. Hängen Sie diese Liste an einen gut sichtbaren Platz auf, zum Beispiel neben Garderobe, Schlüsselbrett oder Kühlschrank oder auch an allen drei Plätzen. Verinnerlichen Sie durch das möglichst häufige Anschauen Ihre gemeinsamen Ziele. Schauen Sie auch auf die Liste, wenn Sie einmal unterschiedlicher Meinung sein sollten. Benutzen Sie den geistigen Spiegel und finden anschließend die Gemeinsamkeiten und den Weg der Übereinstimmung.

„Sollten Sie Schwierigkeiten haben, sich voller Freude auf die Gemeinsamkeiten auszurichten, wenden Sie die Spiegelübung an, und machen Sie erst weiter, wenn Sie sich ausgeglichen fühlen."

Bitte lesen Sie erst weiter, wenn Sie die Übungen durchlaufen haben!

Ihr Bewusstsein ist wie ein Labor, es setzt die Teile Ihres Erfolgs nach Ihren Wünschen zusammen!

Suggestions-Programmierung

Diese Form der Übernahme von Verhaltensmustern ist kaum bekannt, was nicht bedeutet, dass sie nicht bis heute laufend stattfindet. Wenn Sie schon einmal in einem Varieté waren, in dem ein Hypnotiseur aufgetreten ist, dann werden Sie festgestellt haben, dass er seine Probanden immer leicht nach oben schauen lässt. Dadurch kann er bestimmte Zentren im Bewusstsein leichter ansprechen und abschalten, die sich seinen Suggestionen sonst widersetzen würden.

Unsere Eltern waren größer als wir, und so mussten wir zu ihnen aufschauen, wodurch das Ansprechen dieser Zentren im Gehirn erleichtert wurde. Durch unser Aufschauen hatten sowohl unsere Eltern als auch unser sonstiges Umfeld, in Verbindung mit dem Theta-Wellenbereich, in dem wir damals dachten, geradezu ideale Möglichkeiten, uns ihre Vorstellungen einzusuggerieren. Natürlich ist dies in der Regel nicht wissentlich geschehen, aber unwissentlich hat es dieselbe Wirkung.

Ohne weitere Vorbereitungen kann ich nicht tiefer in diesen Bereich der suggestiven Beeinflussung einsteigen, es würde den Rahmen dieses Buches sprengen.

Gedanken sind wie ein Kraftwerk, das Sie stark oder schwach machen kann. Ob stark oder schwach,
bestimmen Ihre Verhaltensmuster.
Sie alleine haben die Freiheit, sie zu ändern.

Wie steht es um Ihre Erfolgsvitamine?

Dies ist die entscheidende Frage, denn die Antwort darauf wird Ihnen zeigen, worauf Sie heute ausgerichtet sind, welche Zukunft Sie dabei sind hervorzubringen. Sind Sie auf überdurchschnittliche Erfolge oder Mittelmaß geeicht? Werden Ihre Erfolge einen ständigen Kampf erfordern oder sich harmonisch einstellen? Werden Sie für Ihre Erfolge immer hart arbeiten müssen? Wird die Arbeit Freunde auslösen und Sie sich in einem harmonischen Gleichgewicht befinden? Werden Ihre Erfolge Ihnen ein regelmäßiges Einkommen bringen oder ein eher unregelmäßiges? Wird es große Schwankungen geben oder wird Ihr Leben fließen und sich Ihre Lebensqualität stetig verbessern? Sind Sie darauf ausgerichtet, gewinnbringende Investitionen zu erkennen, oder setzen Sie meist auf Verlierer? Sind Sie darauf programmiert, Geld zu verdienen, oder eher darauf, es auszugeben? Können Sie Geld verdienen und es behalten, oder fällt Ihnen das schwer?

Die meisten Menschen haben nichts dagegen, sich als die Verursacher ihrer Erfolge zu sehen. Ganz anders sieht es jedoch aus, wenn es sich um Misserfolge handelt. Da sind die meisten plötzlich der Meinung, dass sie nicht selbst, sondern andere Beteiligte verantwortlich sind, der Markt etwa, die Mitarbeiter, die Kollegen oder eine Wirtschaftskrise. Die Frage ist nur: Wer hat die Entscheidungen getroffen, die dazu geführt haben, in die IT-Brache einzusteigen und dort Erfolg zu haben? Könnte es sein, dass Sie es waren, der die Auswirkungen des Internets nicht rechtzeitig erkannt hat und deshalb heute schwierige Zeiten durchläuft? Wer hat die Entscheidungen getroffen, bestimmte Aktien zu kaufen, die dann in den Keller rauschten? Könnte es sein, dass Sie die

Entscheidung treffen? Wer entscheidet im rechten Moment, ein Bild oder ein Auto zu kaufen, und im falschen Moment, Wertpapiere oder eine Immobilie zu verkaufen? Das sind doch Sie, oder? Es gibt Menschen, bei denen wird alles, was sie angreifen, zu Geld, und andere wiederum bringen einfach nichts zustande. Es gibt Menschen, die sich regelrecht auf ein bestimmtes Einkommen festgelegt haben. Das mögen 20.000 €, 60.000 €, 500.000 €, 1.000.000 €, 10.000.000 € oder mehr pro Jahr sein. Betrachten Sie doch einmal, in welcher Einkommensgrößenordnung Sie sich befinden und ob Sie sich vorstellen können, Erfolge zu realisieren, die Ihnen ein wesentlich höheres Einkommen ermöglichen. Wenn Sie damit Schwierigkeiten haben, wer glauben Sie, ist dafür verantwortlich? Sie! Oder besser gesagt: Ihre meist unbewussten Verhaltensmuster sind es, deren Erfolgsgeschenke gerne angenommen werden, aber für deren Misserfolge man sich nicht verantwortlich fühlt.

Interessant waren die Erkenntnisse eines Paares auf einem unserer KEET-Success-Mind-Basic-Seminare. Bei der Überprüfung ihrer Verhaltensmuster stellten Susanne und Peter eine erstaunliche Übereinstimmung fest. Sie hatten sich auf einer Demonstration gegen Atomkraftwerke kennengelernt. Beide hatten Soziologie studiert, beide waren überzeugte Pazifisten und gegen jede Form von konventionellem Erfolg. Beide waren kontinuierlich pleite und behaupteten, das toll zu finden. Dadurch dass Sie sich immer wieder ihre gemeinsame Gesinnung bestätigten, zementierten sie regelrecht ihre Lebensumstände. Auf dem Seminar wurde ihnen bewusst, dass sie sich in ihrer permanenten Geldnot eigentlich gar nicht wohlfühlten, aber um sich wenigstens ab und zu gut fühlen zu können, mussten sie Geld und Erfolg als etwas Schlechtes ablehnen. Ihre Verhaltensmuster redeten ihnen ein: „Gute und soziale Menschen haben kein Geld." Heute leben sie in der Nähe von München, haben mehrere Kindergrippen gegründet, genießen ihren Erfolg und haben sich einen ansehnlichen Wohlstand geschaffen.

Die überwiegende Zahl der Menschen scheint immer noch der Meinung zu sein, dass ihr Geschäftserfolg alleine von ihrem Fachwissen und sonstigen geschäftlichen Fähigkeiten abhängen würde. Und obwohl die Betreffenden es wahrscheinlich nicht so gerne hören, muss ich ihnen leider sagen: Das ist eine Illusion. Ihre Geschäfte werden genauso gut laufen, wie es die Qualität ihrer Fach- und Erfolgskonditionierungen zulässt. Mit anderen Worten: Durch ihren Geschäftserfolg bestätigen sie nur immer wieder die Qualität ihrer bereits vorhandenen Erfolgsmuster.
Wenn Ihre Erfahrungsprogrammierungen auf Erfolge in der Größenordnung von 1.000.000 € pro Jahr geeicht sind, dann werden Sie diese 1.000.000 € realisieren. Es kann durchaus passieren, dass es einmal besser läuft und sich 1.100.000,-- € abzeichnen. In diesem Fall werden entweder Aufträge storniert oder Sie müssen sich auf ein schlechter verlaufendes Folgejahr einstellen. Aber machen Sie sich keine Sorgen, im Jahr darauf wird alles wieder normal verlaufen und Sie werden wieder ihre normalen Geschäftserfolge von 1.000.000 € erwirtschaften.
Um herauszufinden, wie Ihre Erfolgskonditionierung eingestellt ist, schauen Sie sich Ihre Geschäftserfolge an, Ihr Einkommen und Ihre Bankkonten. Wie steht es um Ihren Erfolg bei Investitionen? Geben Sie mehr Geld aus, als sie einnehmen, oder sparen Sie viel? Haben Sie ein beständiges Einkommen oder ein eher unbeständiges? Müssen Sie hart für Ihr Geld arbeiten oder fließt es Ihnen zu. Müssen Sie um Erfolge kämpfen oder fällt es Ihnen leicht, Ziele zu realisieren? Sind Sie selbstständig oder im Angestelltenverhältnis? Sind Sie schon lange in Ihrem Job oder wechseln Sie Job und/oder Firma häufig?

Sie können sich die Einstellung Ihrer Erfahrungsprogramme wie einen Thermostaten vorstellen. Wenn er auf eine Zimmertemperatur von 21 °C eingestellt ist, dann kann diese durchaus auf 24 °C ansteigen, bevor sich der Thermostat einschaltet und die Temperatur wieder herunterregelt. Genauso kann die Temperatur bis auf 17 °C absinken, aber dann wird der Thermostat beginnen, die Temperatur wieder hochzufahren. Sehr ähnlich verhalten sich Ihre Verhaltensprogrammierungen. Die einzige Möglichkeit, die Raumtemperatur dauerhaft auf die gewünschte Temperatur zu bringen, ist eine Neueinstellung des Thermostaten. Eine dauerhafte Optimierung Ihres Erfolgsniveaus ist nur durch Neueinstellung Ihres Erfolgsthermostaten möglich, auch als Erfolgskonditionierung bezeichnet. Einer der effektivsten Wege dazu, ist eine hohe Dosierung, also Anwendung, der Erfolgsvitamine und der vorgeschlagenen Maßnahmen hier in diesem Buch.

Sie können Ihr Verhandlungsgeschick, Ihre Management-, Marketing-, Ihre Verkaufsstrategien oder handwerklichen Fähigkeiten verbessern und entsprechende Fachseminare besuchen. Das alles sind gute Werkzeuge, die aber stumpf bleiben, wenn sie von Ihren fest eingestellten Erfolgsmustern unterlaufen werden. Ohne qualifizierte Erfolgsprogramme, die in der Lage sind, Sie bei der Realisierung Ihrer zusätzlichen Erfolge zu unterstützen, an denen Sie Interesse haben, dürften Sie auf Dauer keine Chance haben.

Es ist eine einfache Formel: Ihr Erfolg kann sich nur in dem Umfang entwickeln, in dem Sie sich selbst entwickeln. Ihre Erfolgskonditionierungen werden Sie für den Rest Ihres Lebens auf Ihrem heutigen Niveau halten, solange Sie sie nicht identifizieren und durch eine Optimierung neu ausrichten. Die Grundvoraussetzung zur Optimierung Ihrer Verhaltensmuster ist die Selbstbewusstwerdung. Achten Sie auf Ihre Zweifel, Überzeugungen, Gewohnheiten und Gedanken. Aber auch auf Ihre Emotionen, Ängste, Annahmen und Handlungen. Richten Sie Ihre Aufmerksamkeit ferner auf die Dinge, die Sie nicht tun, zu vermeiden oder zu unterdrücken suchen. Werden Sie sich Ihres „Selbst" bewusst.

Die meisten Menschen sind davon überzeugt, dass sie über die freie Wahl verfügen und sich frei entscheiden können. Dieser Illusion unterliegen viele, denn obwohl wir aufgeklärt und intelligent sind, haben wir in der Regel leider nicht die Wahl. Natürlich treffen wir hier und da eine bewusste Entscheidung, aber die überwie-

gende Zeit unseres Lebens laufen wir auf Automatik, gesteuert von unseren Konditionierungen.
Dr. Bruce H. Lipton bezeichnet in seinem Buch „Intelligente Zellen" unser unbewusstes Denken als unseren Autopiloten und unser bewusstes Denken als unsere manuelle Steuerung. Wenn eine Fliege auf Ihr Auge zufliegt, dann wäre Ihr bewusstes Denken mit einer Verarbeitungsfähigkeit von etwa vierzig äußeren Reizen pro Sekunde gegenüber der Reizverarbeitung von bis zu zwanzig Millionen äußeren Reizen Ihres Unterbewusstseins viel zu langsam. Ihr Autopilot Unterbewusstsein schützt Ihr Auge durch ein automatisches und blitzschnelles Schließen Ihres Auges. Durch diese Reaktionsgeschwindigkeit unseres Unterbewusstseins wird uns in den meisten Fällen die Entscheidung über die Art unseres Verhaltens und unserer Reaktionen abgenommen.
Sie tun deshalb wirklich gut daran, mit Ihrer manuellen Steuerung Bewusstsein Ihren Autopiloten Unterbewusstsein auf Ihre angestrebten Ziele ausrichten. Damit beginnen Sie, Ihr Leben selbst zu bestimmen, um nicht mehr von Ihren Erfahrungsprogrammen bestimmt zu werden. Mit diesem bewussten Einsatz Ihrer manuellen Steuerung werden Sie auch immer besser auf Ihre Fähigkeiten und Potenziale zurückgreifen und diese für Ihre Erfolge nutzbringend einsetzen können. Dabei sollten Sie auch erkennen, dass Ihre Erfahrungsprogramme nur Mitschnitte früherer Erlebnisse sind, die Sie für gut erachtet und demzufolge übernommen haben. Damals wussten Sie es nicht besser, heute können Sie solche Verhaltensmuster identifizieren und an Ihre heutige Persönlichkeit anpassen. Sie können erkennen, dass Sie nicht der Mitschnitt Ihrer Konditionierungen sind, sondern Ihre Programmierungen nur abspielen.
Zu einem selbst bestimmten Leben gehört auch die Erkenntnis, dass kein Gedanke, kein Verhaltensmuster in Ihrem Kopf mietfrei wohnt. Jeder Gedanke bringt Sie entweder ins Glück oder ins Unglück, in den angestrebten Erfolg oder in die Niederlage. Gedanken machen Sie stark und selbstbewusst oder schwach und zögerlich, sie machen sie gesund oder krank. Deshalb sollten Sie

darauf achten, was Sie denken, und sich von unliebsamen Gedanken dankend und liebevoll verabschieden. Ihre Annahmen, so wichtig und wahr Sie Ihnen erscheinen mögen, haben keine wirkliche Bedeutung, nur jene, die Sie ihnen zugestehen. Dieser Einfluss wird sich allerdings in Ihrem Leben manifestieren. Denken Sie deshalb möglichst bewusst und auf hohem Niveau gut nach und entscheiden Sie mit Bedacht, ob Sie die Manifestation eines Gedankens wirklich wollen.

Wir sollten wirklich darauf achten, was wir denken, und hinhören, was wir sagen; und dann wäre es gut, wenn wir uns selbst kein Wort glauben würden. Denn es stellt sich immer die Frage, bringt uns das, was wir denken und sagen, in die Richtung, in die wir wollen. Können wir damit die Erfolge realisieren, die wir anstreben? Falls Sie diese Erfolge bisher noch nie erzielt haben, können Sie davon ausgehen, dass die Verhaltensmuster, denen Ihr Denken und Sagen entspringt, in ihrer jetzigen Form nicht ausreichend sind.

Um die Erfolge zu erreichen, die Sie anstreben, müssen Sie bereit sein, an etwas zu glauben, warum also nicht an Glaubenssätze, die Ihnen bei der Realisierung behilflich sind, Sie fördern und unterstützen. Der Glaube führt zu Handlungen und Handlungen zu Ergebnissen. Sie haben einen freien Willen und können deshalb jederzeit beschließen, wie die Menschen zu denken, die die Erfolge schon realisiert haben, die Sie noch anstreben.

Das wirft natürlich die Frage auf: Wie denken, woran glauben und wie handeln diese Menschen? Wenn Sie das interessiert, sollten Sie weiterlesen. Doch zuvor beginnen Sie bitte damit, das 5. Bewusstseinsvitamin zu verinnerlichen.

Erfolgsvitamin 5

Ich lege die Hand auf mein Herz und lasse ein geistiges Bild zu dem folgenden Satz, den ich laut ausspreche, entstehen: *„Ich lasse nur Gedanken zu, die mich stärker und erfolgreicher machen."*
Klare Entscheidung: *„Ich entscheide mich für meinen Erfolg."*
Hand auf die Stirn: *„Ich denke wie die erfolgreichsten Menschen auf unserem Planeten."*

Maßnahmen zur Verstärkung des Erfolgsvitamins 5

1. Notieren Sie, wo Sie heute stehen, und akzeptieren Sie die Lebenssituationen, die Sie umgeben. Wenn notwendig, wenden Sie die Spiegelübung an, und machen Sie erst weiter, wenn Sie sich ausgeglichen fühlen.

2. Notieren Sie, was Sie sich als zusätzliche Erfolge vorstellen können.

3. Notieren Sie, was Sie heute daran hindern könnte, daran zu glauben, Ihre weitreichenden Ergebnisse zu realisieren.

4. Setzen Sie jeden einzelnen Hinderungsgrund auf Ihren geistigen Spiegel und zerschlagen Sie sie ihn.

5. Notieren Sie erstrebenswerte Erfolge, die weit über Ihren heutigen Erfolgen liegen. Fassen Sie jeden einzelnen in einem Satz zusammen.

6. Welchen Einsatz müssten Sie bringen, um diese Erfolge realisieren zu können.

7. Schauen Sie sich jeden einzelnen Erfolg unter Punkt 5 an. Und wo sie bereit sind, den erforderlichen Einsatz zu bringen, machen Sie einen Vermerk.
„Falls erforderlich, wenden Sie erneut die Spiegelübung an, und machen Sie erst weiter, wenn Sie sich ausgeglichen fühlen."

8. Nehmen Sie sich jeden einzelnen dieser markierten Sätze vor und lassen Sie dazu ein geistiges Bild entstehen, indem Sie sich in einer zukünftigen Situation sehen, die für diesen Satz steht. Legen Sie bei jedem Bild Ihre Hand auf Ihr Herz und entscheiden Sie: *„Ich nehme die Herausforderung an und setze mich mit ganzem Herzen ein."*

Bitte lesen Sie erst weiter, wenn Sie die Übungen durchlaufen haben.

Ihr Paradies ist nur einen Gedankenschritt von Ihnen entfernt.
Um es zu erreichen,
brauchen Sie nur Ihren Blick auf sich selbst zu ändern.

Das Wissen der besonders erfolgreichen Menschen!

Die Denkweisen und das Wissen der besonders erfolgreichen Menschen werden wir nicht nur in diesem Kapitel beleuchten, sondern von jetzt ab in fast jedem weiteren. Immer wieder werde ich auf die Unterschiede im Denken und Handeln zwischen den besonders Erfolgreichen und den Durchschnittsbürgern eingehen.

Zu dem Wissen der überaus erfolgreichen Menschen gehört, dass es sich bei unserem Bewusstsein und Unterbewusstsein um ein wirklich faszinierendes Gespann handelt. Das bewusste Denken, also die Stimme unserer eigenen Gedanken, ist in der Lage, großartige Visionen und Pläne für eine erfolgreiche Zukunft in Wohlstand, Erfüllung, Gesundheit und Liebe zu entwickeln. Aber wer kümmert sich um das Tagesgeschäft, während wir mit diesen schönen Bildern beschäftigt sind? Es ist unser Unterbewusstsein, es wickelt unsere Geschäfte in der Zwischenzeit, auf der Basis unserer programmierten Verhaltensmuster, ab. Das heißt aber auch, wenn es nicht auf die Realisierung unserer angestrebten Erfolge programmiert ist, geht es unseren Geschäften in einer Weise nach, die nicht unseren Zielen entsprechen.

Unser Unterbewusstsein funktioniert so ähnlich wie alte Musikboxen. Angefüllt bis oben hin mit Verhaltensmuster-Liedern, die abgespielt werden, wenn durch ein entsprechendes Umweltsignal der jeweilige Knopf gedrückt wird. Unser Unterbewusstsein spielt nur Programmiertes ab. Welchen Sinn macht es dann, gegen die Musikbox zu treten oder sie anzubrüllen, sollte uns das gerade laufende Lied nicht gefallen. Weder die Musikbox noch unser Unterbewusstsein wird dadurch unseren Wünschen entgegenkommen. Der einzig sinnvolle Weg besteht darin, das Lied auszutauschen. Mit Ihrem Bewusstsein ist es möglich, Ihre Verhaltens- und Erfolgsmuster auf ein höheres Niveau auszurichten! Dazu müssen Sie allerdings damit aufhören, gegen sich und Ihr Unterbewusstsein anzukämpfen, und die Vorgehensweise zum Neuausrichten Ihrer Erfolgsprogramme kennen. Dieser Weg ist den überaus Erfolgreichen bekannt, weshalb sie zu allererst ihre Erfolgsmuster auf die höheren Ziele ausrichten, bevor sie mit der Realisierung beginnen. Sie sind dabei, einen der effektivsten und spielerischsten Wege zur Ausrichtung Ihrer Erfolgsmuster auf außergewöhnliche Erfolge kennenzulernen.

Die Verankerung eines Erfolgsprogramms in Ihrem Bewusstsein beginnt mit einem Gedanken, an den sie glauben. Ihrem Glauben werden Ideen folgen, die Ihnen den Mut geben zu handeln, und Ihre Handlungen werden das gewünschte Ergebnis hervorbringen. Unsere Gedanken sind ein unglaublich mächtiges Werkzeug unseres Bewusstseins, mit dem alles anfängt. Mich erstaunt auf unseren Seminaren immer wieder, wie wenig dies bekannt ist und dass noch weniger Menschen wissen, wie sie dieses Werkzeug gewinnbringend einsetzen können.

Um mit der Handhabung dieses Werkzeuges vertrauter zu werden, lassen Sie uns anhand eines Beispiels einige Betrachtungen darüber anstellen. Unser Gehirn ist im eigentlichen Sinne so etwas Ähnliches wie ein biologischer Computer. Auf dessen Festplatte sind all unsere Gedanken, Erfahrungen, Verhaltensmuster, Überzeugungen und Gewohnheiten gespeichert und nach Priorität katalogisiert. Ein Großteil dieser Speicherungen bildet die Grundlage für unser Überleben. Das bedeutet nicht zwingend, dass es uns mit den gespeicherten Daten gut geht, zumindest aber erhalten Sie uns am Leben. Ein weiterer Teil der Speicherungen entscheidet über die Qualität unseres Lebens und damit, ob wir erfolgreich sind oder nicht. In jeder Sekunde greifen wir bewusst, viel öfter aber unbewusst, auf diese gespeicherten Informationen zurück, womit wir die in ihnen gespeicherten emotionalen Energien aktivieren, die uns dann automatisch konditionierungskonform reagieren lassen.

Jeder Gedanke und jede neue Erfahrung in unserem Leben in Bezug auf Erfolg gehen automatisch in die Datei „Erfolg". Jedes Mal, wenn nun eine Situation auftaucht, in der eine Entscheidung zu „Erfolg" gefordert ist, zum Beispiel bei einer Investition, greifen wir automatisch auf diese „Erfolgsdatei" in unserem Bewusstsein zurück. Auf der Basis der dort gespeicherten Informationen treffen wir unsere Entscheidungen, weshalb sie uns völlig logisch und richtig erscheinen. Das bedeutet aber noch lange nicht, dass Ihre logisch richtigen Entscheidungen auch erfolgreiche Entscheidungen sind. Was wie eine vernünftige und gute Entscheidung aussieht, kann zu äußerst schlechten Ergebnissen führen.

Susanne, eine ehemalige Teilnehmerin unserer KEET-Success-Mind-Advanced-Seminars, hatte zum Beispiel in ihrer „Erfolgsablage" abgeheftet: „Sonderangebote sind günstig." Wo immer sie solche fand, konnte sie nicht widerstehen und musste zugreifen. Das galt im besonderen Maße für Schuhe. Ihre Jagd nach Sonderangeboten erschien ihr völlig vernünftig und schließlich kann man nie genug Schuhe haben. Keinen Moment erschien in ihrem Bewusstsein ein Gedanke wie: „Dein Konto ist zurzeit mit 5000 € überzogen, du solltest das berücksichtigen."

Eine solche Überlegung kam ihr nicht in den Sinn, weil in dieser Richtung keine Verhaltensmuster abgelegt waren und deshalb die Option – ihr überzogenes Konto bei ihrer Entscheidung zu bedenken – nicht zur Verfügung stand.

Informationen, die zu verbesserten Erfolgsmustern geführt hätten, hatte sie bisher abgelehnt, da sie ihr unlogisch erschienen. Was wiederum ganz logisch ist, denn ihr fehlten ja die entsprechenden Erfahrungen, die derartige Informationen für sie logisch gemacht hätten. Erst beim Durchlaufen einer speziellen KEET-Eigendialogübung erkannte sie, dass ihr alleiniges Vertrauen auf ihre zur Verfügung stehenden logischen und vernünftigen Denkweisen bestenfalls zu mittelmäßigen Erfolgen und zu überzogenen Konten geführt hatte.

Heute leistet sie sich immer noch die Schuhe, die ihr gefallen, aber ihr Konto weist ein beachtliches Guthaben auf. Sie hat ihre

Vorliebe zum Beruf gemacht und ist Inhaberin eines Sonderpostenmarkts für Schuhe.
Ein weiterer besonderer Effekt, der durch das Einpflanzen der Erfolgsvitamine im Bewusstsein entsteht, ist: Bei der Realisierung Ihrer angestrebten Erfolge werden die verschiedensten Aspekte Ihres Lebens automatisch umfassender berücksichtigt, wodurch die Qualität Ihrer Entscheidungen zunimmt und Ihnen dadurch schneller die gewünschten Ergebnisse bringt.
Wäre es dann nicht von unbezahlbarem Wert, Verhaltensmuster zu starten, die es uns erlauben, so zu denken und zu handeln wie die erfolgreichsten Menschen auf unserer Welt. Haben Sie gerade „unbedingt" oder so etwas Ähnliches gesagt? Ich hoffe es, denn dann wäre es mir bereits gelungen, Ihnen deutlich zu machen, dass sich die Denkweisen der Erfolgreichen aufgrund von vorhandenen Erfolgskonditionierungen völlig von den Denkweisen Erfolgloser oder auch der Durchschnittsmenschen unterscheiden. Wir werden nun damit beginnen, diese Unterschiede zu beleuchten, und weitere Erfolgsvitamine als Erfolgsmuster etablieren. Denn diese Erfolgsformeln spielen eine wichtige Rolle, wenn es um die Unterschiede im Denken der außergewöhnlich Erfolgreichen geht. Erst nachdem Sie diese Erfolgskonditionierungen in Ihrem Bewusstsein installiert haben, haben Sie die freie Wahl, so zu denken wie die erfolgreichsten Menschen heute. Trotzdem werden Sie feststellen, dass Sie von Zeit zu Zeit in alte Verhaltensmuster zurückfallen; in einen solchen Fall können Sie dann entscheiden: „Ich konzentriere mich auf meine neuen Erfolgsmuster und gebe ihnen damit Priorität."

Soweit ich im weiteren Verlauf dieses Buches über erfolglose und erfolgreiche Menschen schreibe, stelle ich die Unterschiede bewusst plakativ dar. Erfolgreiche Menschen sind nicht besser oder schlechter, sie sind nur wohlhabender, wobei ich mich allerdings bei den Unterschieden zwischen armen und reichen Menschen nicht auf ein bestimmtes Vermögen beziehe, sondern auf die Unterschiede im Denken und Handeln.

Möglicherweise werden verschiedene der kommenden Aussagen nicht mit Ihren Vorstellungen vereinbar sein. Sofern Sie weiterhin darauf bestehen wollen, dass alles Ihren Vorstellungen entsprechen muss, so ist das natürlich Ihr gutes Recht. Sie sollten sich dann aber darüber klar sein, dass Sie das genau dahin gebracht hat, wo Sie sich heute befinden. Sollten Sie nicht mehr wollen als das, was Sie heute haben, dann ist das absolut in Ordnung. Wenn Sie jedoch mehr anstreben, hoffentlich sogar viel mehr, dann wäre es gut, einmal etwas anderes auszuprobieren. Dazu möchte ich Sie hiermit auffordern.
Sind Sie dazu bereit?
Okay, in dem Falle ist es wichtig, dass Sie die Erfolgsvitamine so schnell wie möglich einnehmen und genießen, indem Sie sie als Erfolgsmuster in Ihrem Bewusstsein einsetzen. Konsumieren Sie die Erfolgsformeln möglichst oft, damit sie zu einem Bestandteil Ihres Lebens werden. Gleichzeitig ist es wichtig, ab sofort tunlichst nach diesen Erfolgsmustern zu leben, damit diese sich auch auf der physischen Ebene schneller manifestieren. Erst dadurch können sie Ihr Leben dauerhaft zum Positiven verändern.
Die meisten Menschen sind sich darüber bewusst, dass sie Gewohnheitstiere sind. Den wenigsten allerdings ist bewusst, dass es zwei Arten von Gewohnheiten gibt: etwas zu tut und nichts zu tun. Die einzige Möglichkeit, die Gewohnheit des „Nichtstuns" zu durchbrechen, besteht darin, etwas „zu tun". Das Lesen der Erfolgsvitamine wird Ihnen helfen, doch um sie in Ihr Leben zu integrieren, müssen Sie sie einnehmen und dafür vom Lesen zum Handeln übergehen. Wenn Sie also wirklich erfolgreicher werden wollen und es Ihnen ernst damit ist, dann setzen Sie die in diesem Buch vorgeschlagenen Anweisungen und Erfolgsformeln in die Tat um.

Ob Täter oder Opfer, ist nur eine Frage der Sichtweise. Erfolgreiche Menschen sehen sich als Täter und erfolglose gerne als Opfer. Tatsache ist: Beide sind Täter.

Lebensgestalter und Lebensopfer

Wenn Sie sich über sich hinaus entwickeln und überdurchschnittliche Erfolge realisieren wollen, müssen Sie ein Gestalter Ihres Lebens werden. Besonders erfolgreiche Menschen stehen am Steuer ihres Lebensschiffs, während die weniger erfolgreichen meist als Passagier ihrer Verhaltensmuster reisen. Als Kapitän Ihres Lebens müssen Sie verinnerlicht haben, dass Sie Ihre Lebensrichtung selbst bestimmen können und dass Sie es sind, der Ihre Erfolge hervorbringt. Ohne diese Überzeugung gehen Sie zwangsläufig davon aus, gar keinen oder nur bedingten Einfluss und Kontrolle über Ihr Leben zu haben. Diese Überzeugungen sind weit verbreitet, weshalb es kein Wunder ist, dass diese Menschen ein Vermögen für Lotterien ausgeben. Jeden Samstag sitzen Sie vor dem Fernseher und warten auf die Ziehung der Lottozahlen, in der Hoffnung, die Zahlen angekreuzt zu haben, die sie reich machen werden. So kann man natürlich ganz einfach die Kontrolle über sein Leben aus der Hand geben!

Viele erfolgreiche Menschen spielen zwar ebenfalls Lotto, sie leben aber nicht in der Hoffnung, eines Tages Lottomillionär zu sein. Sie wissen, dass Sie für ihren Erfolg verantwortlich sind, weshalb sie für die Realisierung ihrer Ziele immer bewusst und unbewusst im Einsatz sind.

Erfolglose Menschen bis hinein in die Mittelschicht scheinen leider allzu leicht die Verantwortung für ihr Leben abgeben zu wollen. Sie sehen sich in der Rolle des Opfers und spielen Lotto. Gewinnen sie nicht, halten sie sich im wahrsten Sinne des Wortes für ein armes Geschöpf, und schon sorgen ihre im Bewusstsein gespeicherten Verhaltensmuster dafür, dass sie recht bekommen.

Geht es um eine Antwort auf die Frage, warum Erfolge ausbleiben, sind viele wahre Meister im Verteilen von Schuldzuweisungen. Sie zeigen mit dem Finger auf andere, ohne auf die Idee zu kommen, die Verantwortung auch einmal bei sich selbst zu suchen. Für diejenigen, die das Pech haben, diesen Menschen nahezustehen, oder anderweitig mit ihnen verbunden sind, keine leichte Aufgabe. Für das vermeintliche Opfer ist, wenn es nicht die anderen sind, die schlechte Wirtschaftslage, die Regierung, der Arbeitgeber oder der Aktienmarkt die Zielscheibe ihrer Schuldzuweisungen. Schuld können genauso gut der Kundendienst, der Zulieferer, der liebe Gott oder gerne auch die Eltern sein. Irgendjemand ist immer schuld an ihrer Situation, nur bei ihnen liegt die Ursache des Problems in der Regel nie.

Wer sich als Opfer empfindet, nutzt gerne noch eine weitere Form, die eigene Verantwortung abzulehnen. Sie rechtfertigen oder rationalisieren. Falls Erfolge ausbleiben, reden sich diese Menschen gerne ein: „Erfolg ist nicht alles im Leben", oder sie beruhigen sich mit: „Erfolg ist nicht so wichtig". Stellen Sie sich vor, Sie würden zu Ihrem Lebenspartner sagen, dass er Ihnen nicht so wichtig ist. Was glauben Sie, wie lange Sie noch ein Paar wären? Ich bin ziemlich sicher, nicht mehr allzu lange. Mit Erfolgen verhält es sich genauso.

Menschen, die solche Sätze von sich geben, sind in der Regel erfolglos. Niemand besäße einen Fernseher, wenn er nicht wichtig wäre, oder ein Auto, wenn es nicht bedeutsam wäre, niemand einen Hund, wenn er ihn nicht haben wollte. Und so ist niemand erfolgreich, der keinen Erfolg haben will, und deshalb auch nicht wohlhabend, denn Erfolg und Geld bilden in unserer westlichen Welt eine untrennbare Einheit. Je besser Sie in dem sind, was Sie tun, desto weniger brauchen Sie sich um Geld zu kümmern. Es läuft Ihnen hinterher. Wenn dies bei Ihnen noch nicht so ist, dann wäre es gut, wenn Sie etwas für Ihre Erfolgskonditionierungen tun würden. Aber Sie sind ja dabei, indem Sie dieses Buch lesen und dann hoffentlich auch entsprechend handeln.

Die bisher weniger erfolgreichen Leser mögen einwenden: „Liebe ist wichtiger als Erfolg und Geld." Das kommt mir vor, als würden Sie sagen, meine Füße sind mir wichtiger als meine Hände. Könnte es sein, dass Ihre Füße genauso wichtig sind wie Ihre Hände? Ich denke, Sie werden mit einem ziemlich klaren „Ja" antworten. Sollten Sie anderer Meinung sein, können Sie ja einmal versuchen, Liebe bei Ihrer Bank einzuzahlen oder Ihre Rechnungen damit zu begleichen. Glauben Sie mir, kein einziger erfolgreicher Mensch glaubt, Geld sei unwichtig. Falls Sie trotzdem glauben, Erfolg und Geld seien nicht wichtig, so kann ich Ihnen prophezeien, und ich bin wahrlich kein großer Prophet, Sie werden niemals wirklich erfolgreich, aber dafür immer so gut wie pleite sein. Erst wenn Sie solche oder ähnliche Überzeugungen aus Ihrem Bewusstsein tilgen, wird alles anders werden.

Ob sich jemand als Opfer empfindet, können Sie auch daran erkennen, dass diese Menschen mit ihren Lebenssituationen unzufrieden sind, aber anstatt sie zu ändern, beschweren sie sich darüber. Leider ist es so; wer sich beschwert, konzentriert sich auf das, was schiefläuft, und gibt damit den Dingen, die falsch laufen, Bedeutung. Auf diese Weise bringen viele das Falsche in ihrem Leben hervor.

Falls Sie einen Menschen kennen, der sich häufig beschwert, werden Sie bei genauerem Hinschauen feststellen, dass bei dieser Person ziemlich viel schiefläuft und er/sie ein schweres Leben hat. „Es ist doch berechtigt, dass ich jammere", wird diese Person sagen, „schau doch, wie mies mein Leben verläuft." Ein solcher Mensch erkennt nicht, dass sich in unserem Universum Gleiches zu Gleichen gesellt und damit gegenseitig anzieht. Und so ziehen Schuldzuweisungen Schuldzuweisungen, Rechtfertigungen Rechtfertigungen, Wehklagen Wehklagen und Misserfolge eben Misserfolge an. Denken Sie daran, wenn sich bei Ihnen solche Stimmungslagen einstellen: Sie haben Ihren freien Willen und können Ihr Leben frei bestimmen. Hör auf, dich zu beschweren und nimm dein Leben in die Hand, oder komm mir nicht zu nahe, würde ich einem solchen Menschen sagen.

Die Nähe zu solchen Menschen ist nicht ungefährlich, denn wer nicht aufpasst, läuft Gefahr, sich zu identifizieren und auf diese Weise, wie früher in der Kindheit, ein ganz sicher nicht förderliches Verhaltensmuster zu übernehmen. Sollten Sie zu denjenigen gehören, die sich gerne in der Gegenwart dieser Leute aufhalten, weil die Geschichten – „... habe ich dir schon erzählt, was mir schon wieder passiert ist ..." – so spannend sind. Passen Sie auf, dass Sie nicht eines Tages an der Reihe sind, Ihre eigenen Geschichten erzählen zu müssen, was Ihnen schon wieder passiert ist.
Schuldzuweisungen, Rechtfertigungen und Beschwerden sind nichts anderes als Beruhigungspillen, die den Stress aus einem Misserfolg nehmen. Falls Sie sich jetzt fragen, wieso Misserfolg, dann überlegen Sie bitte einen Moment: Warum sollte sich jemand, der Erfolg hat, beschweren? Das wäre doch gar nicht notwendig. Warum sollte er sich rechtfertigen oder jemand anderes die Schuld geben? Wer erfolgreich ist, heimst die Lorbeeren seines Erfolges ein und freut sich.
Sie können sich selbst keinen größeren Gefallen tun, als am besten jetzt sofort damit aufzuhören, sich als Opfer zu sehen. Hören Sie auf damit, anderen Menschen Schuld zuschieben zu wollen oder sich zu rechtfertigen und zu beschweren. Sie sind frei in Ihrem Denken, also liegt es in Ihrer Hand, ob Sie durch Ihr Denken Erfolg oder Misserfolg anziehen.
Damit wird deutlich, wirklich erfolgreiche und reiche Menschen sind niemals Opfer! Sie wissen, ihre Verhaltensmuster und die Dinge, denen sie Bedeutung beimessen, bringen ihre Wirklichkeit hervor. Also bei wem sollten sie sich beschweren, außer bei sich selbst? Wahrscheinlich würde auch kaum jemand auf ihre Beschwerden hören. Wenn sie sagen würden: „Mist, ich habe eine Delle in meinem Auto!", würden Sie aus ihrem Umfeld höchstens hören: „Na und!"
Leider sind Opferhaltungen weit verbreitet, ja sogar regelrecht beliebt. Wissen Sie warum? Aufmerksamkeit! Ist es nicht Aufmerksamkeit, die wir in unserem Leben suchen und wofür wir

leben. Der Grund allerdings, warum wir danach streben, beruht bei den meisten Menschen auf einem Missverständnis. Sie verwechseln Aufmerksamkeit mit Liebe. Vielleicht ahnen Sie es schon. Es ist unmöglich, glücklich und erfolgreich zu werden, wenn Sie immerzu nach Anerkennung streben. Auf diese Weise degradieren Sie sich höchstens zu einem Bittsteller, der um Applaus bettelt.

Es ist also sehr wichtig, dass Sie nicht nur aufhören, Anerkennung mit Liebe zu verwechseln, sondern beides sauber voneinander trennen. Das wird Sie auf der einen Seite erfolgreicher und glücklicher werden lassen und auf der anderen Seite in die Lage versetzen, die wahre Liebe zu finden. Die meisten Menschen lieben nicht auf der Basis einer wahren Liebe, denn wahre Liebe erwartet keine Anerkennung, bekommt sie aber gerade deshalb. Die heute weitverbreitete Art zu lieben hingegen braucht die Anerkennung der eigenen Person, und sie braucht Gründe. Zum Beispiel ein bestimmtes Aussehen, Macht und Einfluss oder bestimmte Verhaltensweisen. Eine solche Liebe befasst sich mehr mit sich selbst als mit dem Partner. Sie hält die Hand des Partners fest gedrückt. Drücken Sie doch einmal die Hand Ihres Partners, Sie werden nur noch Ihre eigene Hand spüren. Wer sich so verhält, sollte nicht zu sehr verwundert sein, wenn er das Gefühl für seinen Partner verliert und verlassen wird.

Wer Aufmerksamkeit und Liebe voneinander zu trennen vermag, wird frei für das Wesen seines Lebensgefährten und kann ihn lieben für das, was er ist, und nicht für die Anerkennung, die er bekommt, oder für ein bestimmtes Aussehen oder das, was er tut. Zurück zum eigentlichen Thema. Es gibt keine erfolgreichen Opfer. Tatsächlich gibt es überhaupt keine Opfer, nur Menschen, die sich als Opfer definieren. Indem Menschen über ihre Opferhaltung Aufmerksamkeit suchen, verhindern sie sehr wirksam, dass sie jemals wirklich erfolgreich und wohlhabend werden.

Es ist Zeit, eine Entscheidung zu treffen. Wollen Sie Opfer oder wollen Sie erfolgreich sein? Sie haben die Freiheit, die Rolle eines Opfers zu spielen, oder Sie können erfolgreich werden. Sie können aber ganz bestimmt nicht beides sein. Jedes Mal, wenn Sie Schuld zuweisen, sich rechtfertigen oder beschweren, behindern Sie erfolgreich die Realisierung Ihrer angestrebten Erfolge.

Erfolgsvitamin 6

Ich lege die Hand auf mein Herz und lasse ein geistiges Bild zu dem folgenden Satz, den ich laut ausspreche, entstehen: *„Ich alleine bringe meine Erfolge hervor."*
Klare Entscheidung: *„Ich entscheide mich für meinen Erfolg."*
Hand auf die Stirn: *„Ich denke wie die erfolgreichsten Menschen auf unserem Planeten."*

Maßnahmen zur Verstärkung des Erfolgsvitamins 6

1. Notieren Sie, in welchen Lebensbereichen Sie dazu neigen, sich als Opfer zu fühlen.
   „Sollten Sie aus dem Gleichgewicht kommen, wenden Sie die Spiegelübung an, und machen Sie erst weiter, wenn Sie sich wieder ausgeglichen fühlen."

2. Setzen Sie jede einzelne Opferhaltung auf Ihren geistigen Spiegel und zerschlagen Sie die Situation.

3. Kreieren Sie jetzt jede einzelne Situation so, dass Sie in Harmonie das Angestrebte erreichen. Entscheiden Sie bei jedem Situationsbild mit Ihrer Hand auf Ihrem Herzen: „Es wird so sein."

4. Wann immer Sie sich dabei ertappen, dass Sie beschuldigen, sich rechtfertigen oder beschweren, verwenden Sie Ihren geistigen Spiegel und legen anschließend Ihre Hand auf Ihr Herz und wiederholen Sie – mit Ihrem geistigen Bild vor Augen – das 6. Erfolgsvitamin: *„Ich alleine bringe meine Erfolge hervor"*, und entscheiden Sie sich erneut: *„Ich entscheide mich für meinen Erfolg."* Legen Sie anschließend Ihre Hand auf die Stirn und wiederholen Sie: *„Ich denke wie die erfolgreichsten Menschen auf unserem Planeten."*

Damit sich Ihr Leben ändern kann, halten Sie diese Übung mindestens eine Woche durch. Vorhandene Opfermuster haben eine Eigendynamik, die sich nur langsam abschwächt. Es kann deshalb ein paar Tage dauern, bis die in dem Verhaltensmuster gespeicherte emotionale Energie an Kraft verliert.
Wenn Sie diese Woche durchhalten, werden Sie überrascht sein, wie eine einzige kleine Übung Ihr Leben verändern wird, weil Sie aufhören werden, sich auf das Negative zu konzentrieren.
Auch nach dieser Woche – wann immer Sie sich dabei ertappen, zu beschuldigen, sich zu rechtfertigen oder zu beschweren – gehen Sie wie unter Punkt 4 beschrieben vor.

5. Nehmen Sie sich möglichst jeden Abend mindestens eine Situation des Tages vor, die „nicht" so gut gelaufen ist. Beleuchten Sie sie und das dafür verantwortliche Verhaltensmuster. Setzen Sie es auf Ihren geistigen Spiegel und zerschlagen Sie es.

6. Sofort anschließend lassen Sie ein geistiges Bild entstehen, wie Sie eine solche Situation souverän meistern.

7. Entscheiden Sie sich jetzt mit jeder Faser Ihres Körpers dafür, dieses Bild in die Tat umzusetzen. Legen Sie Ihre Hand auf Ihr Herz und sagen sie: *„Es wird so sein."*

8. Jetzt nehmen Sie sich eine Situation des vergangenen Tages vor, die sehr gut gelaufen ist. Schreiben Sie auf, warum Sie sie so gut meistern konnten. Wenn andere beteiligt waren, schreiben Sie deren Anteil an der Lösung auf.

9. Beleuchten Sie das Verhaltensmuster, das dazu geführt hat, dass die Situation so gut gelaufen ist.

10. Lassen Sie ein geistiges Bild entstehen, wie Sie die Situation in Zukunft noch souveräner handhaben.

11. Entscheiden Sie sich auch jetzt wieder mit jeder Faser Ihres Körpers, dieses Bild in die Tat umzusetzen. Legen Sie dazu Ihre Hand auf Ihr Herz und sagen sie: *„Es wird so sein."*

Bitte lesen Sie erst weiter, wenn Sie die Übungen so weit wie möglich durchlaufen haben.

Gut oder schlecht, Gewinner oder Verlieren,
es sind unsere Denkweisen, die uns dazu machen.

Gewinner und Verlierer

Ein Verlierer begegnet seinem Leben passiv, ein Gewinner aktiv. Besondere Erfolge erfordern besondere Aktivitäten. Stellen Sie sich einen passiven Formel-1-Fahrer vor. Glauben Sie, er wäre siegfähig? Wahrscheinlich nicht! Ist es da nicht erstaunlich, dass die überwiegende Zahl der Menschen ihrem Erfolg passiv begegnet. Sie hoffen, der Erfolg würde Sie finden, am besten am Samstagnachmittag auf ihrer Couch liegend und Soap-Operas im Fernsehen anschauend. Ihre Aktivitäten sind auf Sicherheit anstatt auf Wohlstand ausgerichtet.

Wonach streben Sie? Ist Ihr Antrieb passiv oder aktiv? Ist Ihr Einsatz darauf ausgerichtet, dass Sie in Ihrem Leben zurechtkommen, oder streben Sie nach Überfluss? Sie müssen sich entscheiden: Wollen Sie so leben, dass Sie mit Ihren Leistungen Ihr Auskommen haben, oder wollen Sie zu den Leistungsträgern unserer Gesellschaft gehören? Es liegt wie immer in Ihrer Entscheidung.

Da Sie dieses Buch lesen, gehe ich davon aus, dass Sie zu den Leistungsträgern gehören und außergewöhnliche Erfolge realisieren wollen. Dazu ist es sehr wichtig, von der Position zu starten, auf der Sie sich zurzeit befinden. Wenn Sie heute zum Beispiel Schwierigkeiten haben, alle Ihre Rechnungen zu bezahlen, dann übernähmen Sie sich, wenn Sie von sich erwarten würden, morgen bereits Millionär zu sein. Verlierer wollen heute alles, und sollte es morgen nicht bereits eintreffen, geben sie auf. Gewinner steigern ihre Anforderungen schrittweise und unterstützen die Realisierung ihrer nächsten Erfolgsetappe mit symbolischen Handlungen.

Ich kann mich an eine Zeit erinnern, da löste das Auftanken meines Autos an der Tankstelle in mir die Angst aus, am Ende des Monats meine Tankrechnung nicht bezahlen zu können. Trotzdem bestellte ich mir – natürlich nicht jeden Tag – im Restaurant ein

Filetsteak, weil mir das teuerste Gericht auf der Speisekarte half, an meinen angestrebten Wohlstand zu glauben. Außerdem begann ich, mich verstärkt in der Umgebung zu bewegen, in der sich die Menschen aufhielten, die bereits erreicht hatten, was ich noch anstrebte. Durch dieses Verhalten intensivierte ich meine Erfolgsmuster, und in weniger als einem Jahr hatte ich keine Schwierigkeiten mehr, meine Tankrechnung zu bezahlen, und ich fuhr meinen damaligen Traumwagen, einen Jaguar. Bitte verstehen Sie mich richtig, ich möchte Sie nicht dazu auffordern, heute schon auszugeben, was Sie in zwei Jahren verdienen werden. Damit Sie aber an Ihre angestrebten Erfolge besser glauben können, möchte ich Sie anregen, Zeichen zu setzen und symbolische Handlungen zu vollziehen. Solche Aktionen verstärken die Durchsetzungsenergie Ihrer Erfolgsmuster, wodurch Sie Ihre nächste Erfolgsetappe schneller erreichen werden.

Verlierer geben sich mit dem zufrieden, was sich in ihrer Reichweite befindet, und haben Angst, über den eigenen Horizont zu schauen. Die Folge ist, sie werden immer nur wieder erreichen können, was sie schon erreicht haben. Und wenn Sie damit gerade so über die Runden kommen, dann wird dies auch morgen so sein.

Gewinner greifen nach den Sternen, und sollten Sie vielleicht auch nicht bis zur nächsten Galaxie kommen, so erreichen Sie doch mehr als all diejenigen, für die ihre Zimmerdecke schon zu hoch ist. Wenn Sie zu den Gewinnern gehören wollen, dann darf Ihr Ziel nicht lauten, „ausreichend zu sein", sondern es muss heißen: „Ich werde besonders erfolgreich sein."

Besonders erfolgreich sein heißt, außerordentlich erfolgreich sein. Genau wie reich auch reich bedeutet und nicht ein ausreichendes Einkommen.

Erfolgsvitamin 7

Ich lege die Hand auf mein Herz und lasse ein geistiges Bild zu dem folgenden Satz, den ich laut ausspreche, entstehen: *„Ich bin ein Gewinner und werde außerordentlich erfolgreich."*
Klare Entscheidung: *„Ich entscheide mich für meinen Erfolg."*
Hand auf die Stirn: *„Ich denke wie die erfolgreichsten Menschen auf unserem Planeten."*

Maßnahmen zur Verstärkung des Erfolgsvitamins 7

1. Notieren Sie sich Etappenziele, die Sie schrittweise zu Ihren angestrebten, besonderen Erfolgen bringen. Legen Sie diese Etappenziele deutlich sichtbar auf Ihren Schreibtisch oder einen Platz, den Sie oft frequentieren und wo Sie Ihnen immer wieder ins Auge springen.

Laden Sie eine Liste für Ihre Etappenziele von unserer Website www.KEETSeminare.com herunter.

2. Bestimmen Sie einen klaren Zeitrahmen für die Verwirklichung jedes Etappenziels bis zum Endziel. Dieses sollte weit jenseits Ihres heutigen Horizontes, möglichst bei den Sternen, liegen!

3. Entscheiden Sie sich, mit Ihrer Hand auf dem Herzen, mindestens einmal pro Woche erneut für die Realisierung jedes einzelnen Etappenziels.

4. Lassen Sie los und überprüfen Sie Ihre Fortschritte erst, wenn Sie sich dem Verwirklichungsdatum des ersten Etappenziels nähern. Sie werden große Fortschritte feststellen! War der Zeitrahmen zu eng gefasst, legen Sie ein neues, genaues Datum fest und erfreuen Sie sich an dem bisher Erreichten.

Das Setzen von genauen Terminen ist für Ihre Erfolgsprogramme wichtig, damit Sie wissen, bis wann sie liefern sollen. Ansonsten besteht die Gefahr, dass die Realisierung durch bestehende Verhaltensmuster aufgeschoben wird. Deshalb bitte genaue Termine setzen. Falls Verzögerungen eintreten, prüfen Sie die eingetretene Verbesserung, freuen Sie sich an den bis dahin erreichten Details und setzen Sie einen neuen, genauen Termin.

5. Unternehmen Sie möglichst einmal pro Woche eine symbolische Handlung. Gehen Sie in ein gutes Restaurant essen, auch wenn Sie es sich eigentlich nicht leisten können. Ihre symbolische Handlung muss nicht immer Geld kosten. Sie können auch Zeit investieren. Suchen Sie die Nähe zu Menschen, die bereits dort angekommen sind, wo Sie noch hin möchten. Sprechen Sie mit Ihnen und hören Sie gut hin, was sie sagen. Daraus können Sie viel lernen und Ihre eigene Art zu denken und zu handeln optimieren.

Bitte lesen Sie erst weiter, wenn Sie die Übungen so weit wie möglich durchlaufen haben.

Außergewöhnliche Erfolge erfordern außergewöhnliches Engagement.

Dem Erfolg verpflichtet

Ich bin sicher, Ihnen ist es ähnlich ergangen wie mir. Wann immer ich mit Menschen über Erfolg sprach, habe ich gehört: „Natürlich will ich erfolgreich sein." Aber stimmt das wirklich so? Haben sich diese Menschen tatsächlich ihrem Erfolg verschrieben oder wollen sie einfach nur erfolgreich sein?
Wenn Sie tiefer fragen, werden Sie möglicherweise zu hören bekommen: „... aber leider mangelt es mir an Möglichkeiten ...", oder Sie hören Argumente wie: „... Erfolg, na klar, solange er nicht zu viel Arbeit und Verpflichtung mit sich bringt ..." Andere werden einwerfen: „... da bekommt der Staat durch meine Steuern mehr als ich für meine Arbeit." Ich habe auch schon gehört: „... dann weiß ich am Ende nicht mehr, ob man mich oder nur mein Geld mag ..." Oder: „Was ist, wenn ich bei meinem Streben nach Erfolg herausfinde, dass ich kein Erfolgspotenzial habe?"
Susanne, eine ehemalige Teilnehmerin, erzählte mir einmal: „Ich habe immer so große Angst, ich könnte es nicht schaffen." Zumindest bei ihr hat sich dies grundlegend geändert.
Menschen mit solchen oder ähnlichen Argumenten werden wahrscheinlich niemals wirklich erfolgreich sein. Ihre Verhaltenskonditionierungen, die sie so etwas sagen lassen, werden es zu verhindern wissen. Erfahrungsprogramme wollen recht behalten, und so werden sie, wenn sich Erfolge einstellen, auf neidische Menschen treffen, zu viel Steuern bezahlen, glauben, nur wegen ihres Geldes geliebt zu werden, an ihren Potenzialen zweifeln und Angst bekommen, alles wieder zu verlieren. Mit einem Satz: Sie werden unglücklich sein und ihr Thermostat wird anspringen und sie auf ihre bereits bekannte Lebenstemperatur zurückbringen.
In jedem von uns laufen Grundmuster ab, die uns nach Erfolg streben lassen, aber auch Grundinformationen, warum dies vielleicht nicht so gut ist. Haben wir nicht 2000 Jahre lang von den

Kanzeln immer wieder Predigten gegen die Begehrlichkeit und den schnöden Mammon gehört. Bis in unser tiefstes Inneres sind bei den meisten von uns Verhaltensmuster eingeprägt wie: „Wohlstand zu erwirtschaften ist eine Sünde", „Erfolge, die Geld bringen, sind unehrliche Geschäfte", „Erfolgreiche Menschen sind unredlich". Kein Wunder, wenn die meisten von uns in Bezug auf besondere Erfolge ein recht gemischtes Verhältnis haben. Was bei all dem übersehen wird, ist, dass erfolgreiche Menschen mehr Gutes tun können als arme. Was für ein Irrtum zu denken, dass man arm sein müsse, um fromm sein zu können.

Gott sei Dank bevorzugt unser Universum Lebensförderndes, und so waren solche Irrtümer nicht in der Lage, ganze Arbeit zu leisten. Daher existieren in jedem von uns auch Verhaltensmuster, die uns sagen: „… Toll, all der Spaß, der mit dem Wohlstand verbunden ist!" Gleichzeitig allerdings gibt es Verhaltensmuster, die Bedenken anmelden mit: „… ja, aber all die Arbeit." Schon meldet sich ein weiteres Erfahrungsprogramm: „… aber all die schönen Reisen, die du dann machen kannst." Und schon ist ein weiteres Muster zur Stelle: „Ja schön, aber besser, du behältst deinen Wohlstand für dich, denn sonst werden die Leute neidisch und wollen etwas von dir." Werden diese widersprüchlichen Empfindungen überhaupt wahrgenommen, so werden sie in der Regel als selbstverständlich hingenommen oder unbeachtet gelassen. In Wahrheit sind es aber genau diese widersprüchlichen Erfahrungsmuster, warum die Betreffenden niemals wirklich erfolgreich sind, und wenn doch, bleiben sie trotzdem unglücklich. Die Verhaltensprogramme in unserem Bewusstsein bis hin zu unserer „Seele", auch „wahres Selbst" genannt, sind alle an der Umsetzung der in uns gespeicherten Erfahrungsprogramme beteiligt.

Sie können sich dieses umfassende „Selbst" wie eine Art Kaufhaus vorstellen, in dem es alles gibt, was Sie sich vorstellen können. Sie brauchen nur den entsprechenden Gedanken Bedeutung beizumessen, und schon beginnt Ihr Kaufhaus mit der Auslieferung Ihrer gedanklichen Bestellung. Da es sich um ein Selbstbedienungskaufhaus handelt, fragt Sie niemand, ob Sie Ihre Bestellung gebrauchen können oder nicht. Ob Sie damit glücklich und zufrieden oder unglücklich werden, ob Sie Erfolg haben werden oder Misserfolg. Sie wählen aus, und das Kaufhaus folgt Ihren Anweisungen und liefert, was Sie durch Ihre Überzeugungen bestellen.

Zwar versucht Ihr „wahres Selbst" Ihnen Hinweise über Ihre „innere Stimme" zukommen zulassen, aber sie zu erfassen erfordert eine hohe Sensitivität. Durch eine solche Sensitivität erschließen Sie sich aber eine außergewöhnliche Kreativität, mit der Sie all die widersprüchlichen Verhaltensmuster im Handumdrehen erfassen und anpassen, wodurch faszinierende Erfolge möglich werden.

Viele der heute besonders erfolgreichen Menschen haben diese Sensitivität und sie haben sich zweifelsfrei für ihren Erfolg und Wohlstand entschieden. Sie lassen keine Zweifel zu und nutzen so, bewusst und unbewusst, das unendliche Angebot ihres Kaufhauses optimal zur Realisierung ihrer Ziele. Im Gegensatz dazu haben Menschen, die mit Erfolgen wenig Erfahrung haben, viele Argumente, warum die angestrebten Erfolge ausbleiben, und genau deshalb bleiben sie aus. Es ist niemals der Markt, die Geschäftspartner, Mitbewerber oder einfach Pech. Das alles sind nur die Ergebnisse ihrer Bestellungen.

Sollten Sie zum ersten Mal von diesen Zusammenhängen lesen, so kann ich gut nachvollziehen, dass es Ihnen möglicherweise schwerfällt, daran zu glauben. Sie mögen einwenden, dass Sie schon viele Erfolge bestellt hätten, die nie eingetroffen seien, während Sie Misserfolge geliefert bekommen hätten, die Sie ganz bestimmt nicht bestellt hatten.

Die Krux ist, wir bekommen geliefert, was wir in unserem Unterbewusstsein wirklich wollen, und nicht etwa das, was wir mit unserem Bewusstsein behaupten zu wollen.

Ich habe volles Verständnis, wenn Sie jetzt einwenden: „Dann kann ich ja jederzeit von meinen unbewussten Verhaltensmustern unterlaufen werden." Das ist wohl wahr! Deshalb bitte ich Sie, die Erfolgsvitamine nicht nur zu lesen, sondern danach zu handeln und sie in Ihrem Bewusstsein einzusetzen. Erst dadurch bauen Sie neue Erfolgsstrukturen in Ihrem Bewusstsein auf, die dann fast automatisch das bestellen, was Sie sich ausgesucht haben.

Noch nicht näher beleuchtet haben wir die Menschen, die zwar erfolgreich sein wollen, aber nicht so genau wissen, was sie wirklich wollen. Denen es schwerfällt, das, was sie für einen Erfolg halten, überhaupt zu definieren. Solche Menschen wollen heute dies und morgen das. Also sagen sie: „Natürlich will ich erfolgreich sein." Dann aber warten sie ab, in der Hoffnung, dass der Erfolg sie finden und ihnen in den Schoß fallen wird. Wenn dies dann tatsächlich einmal geschieht, schrecken sie oft vor dem Risiko zurück und handeln nicht.

Dann gibt es diejenigen, die sich, selbst wenn sie noch nicht so genau wissen, welche besondere Art von Erfolgen sie realisieren wollen, klar für den damit verbundenen Wohlstand entscheiden. Das ist ein guter Anfang, denn hiermit bekunden sie, dass sie ihr Leben in die eigene Hand nehmen und selbst gestalten wollen. Dass sie bereit sind, Hürden und Hindernisse zu überwinden und behindernde Verhaltensmuster anpassen zu wollen.

Mit der Energie, die aus einer solchen Entscheidung hervorgeht, werden sich Ihr Mut zu handeln und Ihre Tatkraft potenzieren. Aber sollten Sie wirklich Besonderes anstreben, ist das nicht genug. Wenn Sie Außergewöhnliches leisten und den Wohlstand der Menschen realisieren wollen, die auf unserer Welt als reich bezeichnet werden, dann müssen Sie bereit sein, einen bedingungslosen Einsatz zu bringen. Das heißt sich selbst, ohne jede Einschränkung, der Realisierung eines Ziels verschreiben.

Einige Leser mögen einwenden, ich gebe mich schon jetzt bedingungslos meinem Erfolg hin. Ich arbeite 80 bis 90 Stunden die Woche einschließlich meiner Wochenenden. Was soll ich denn noch tun? Ganz einfach, arbeiten Sie mit den Erfolgsvitaminen aus diesem Buch. Das wird zu Erfolgsmustern führen, die Sie intelligent erfolgreich werden lassen. Wir werden noch darauf eingehen! Noch besser wäre es, Sie würden sich von Ihren Verhaltensmustern verabschieden, die Sie so hart arbeiten lassen, ohne Ihnen den gewünschten Erfolg zu bringen. Verwenden Sie die freie

Energie dazu, sich Ihrem Erfolg von ganzem Herzen zu verpflichten.

Erfolgsvitamin 8

Ich lege die Hand auf mein Herz und lasse ein geistiges Bild zu dem folgenden Satz, den ich laut ausspreche, entstehen: *„Ich engagiere mich bedingungslos für meine intelligenten Erfolge."*
Klare Entscheidung: *„Ich entscheide mich für meinen Erfolg."*
Hand auf die Stirn: *„Ich denke wie die erfolgreichsten Menschen auf unserem Planeten."*

Maßnahmen zur Verstärkung des Erfolgsvitamins 8

1. Notieren Sie, warum Sie besondere Erfolge erreichen wollen. Bitte seien Sie detailliert in den Angaben Ihrer Gründe.

2. Entscheiden Sie sich jetzt, den vollen Einsatz zu bringen, und teilen Sie Ihren Entschluss Ihrem Umfeld mit. Laden Sie die Menschen, die Ihnen am Herzen liegen, ein, Sie zu begleiten.

3. Treffen Sie sich mit dem Menschen, der Sie am besten versteht oder Ihnen sonst möglichst nahesteht. Geben Sie in ihrer/seiner Gegenwart die folgende Erklärung ab: „Ich ... schließe mit dir einen geistigen Vertrag des Vertrauens, indem ich mich vor mir selbst und vor dir verpflichte, mit ganzem Herzen besonders erfolgreich zu werden." Ihr Partner antwortet Ihnen darauf: *„Ich bin davon überzeugt, denn ich glaube an dich."*

4. Geben Sie sich die Hand und bedanken Sie sich.

5. Wenn Ihr Partner ebenfalls eine solche Erklärung abgeben möchte, tauschen Sie jetzt die Positionen, und er gibt nun seine Erklärung ab: „Ich ... schließe mit dir einen geistigen Vertrag des Vertrauens, indem ich mich vor mir selbst und vor dir verpflichte, mit ganzem Herzen besonders erfolgreich zu werden." Sie antworten ihm: *„Ich bin davon überzeugt, denn ich glaube an dich."*

6. Schreiben Sie diese Verpflichtungserklärung auf, drucken Sie sie aus und unterschreiben Sie beide die Vereinbarung. Dann rahmen Sie sie und hängen Sie sie an die Wand. Am besten dorthin, wo Sie sie jeden Tag sehen und sich erinnern.

7. Erneuern Sie diese Verpflichtung möglichst oft durch eine erneute Entscheidung, Ihr Bestes zu geben. Die Energien, die Sie durch diese Übung in Ihrem Bewusstsein aufbauen, werden Sie immer schneller in die Richtung bringen, in die Sie wollen. Jeden Tag werden Sie motivierter sein, Ihr Bestes zu geben.

8. Bereits 1995 haben ehemalige KEET-Seminarteilnehmer und viele Freunde aus allen Teilen der Welt begonnen, einen „geistigen Energiekreis" zu etablieren. Täglich treffen wir uns geistig von 11:55 bis 12:00 Uhr UTC (das ist 12:55 bis 13:00 Uhr in Deutschland, MEZ).
Ich möchte Sie einladen, Ihre Verpflichtung zu besonderen Erfolgen ebenfalls in diesen Kreis hineinzugeben. Um sich möglichst optimal in den „geistigen Energiekreis" einzufädeln, gehen Sie wie folgt vor:

Energiekreis-Übung

- Finden Sie einen Platz in Ihrem Umfeld, an dem es Ihnen leichtfällt, innere Ruhe zu finden ... *(Wenn Sie Musik, die Sie lieben, dabei unterstützt, lassen Sie sie spielen).*

- Wenn Sie sich ruhig und entspannt fühlen, nehmen Sie sich mit all der Liebe an, zu der Sie fähig sind ...

- Schließen Sie Ihre Augen und öffnen Sie sich langsam für die Welt um Sie herum, so weit und so gut es Ihnen möglich und angenehm ist ...

- Öffnen Sie sich noch weiter und nehmen Sie sich vertiefend mit all Ihrer Liebe an, zu der Sie jetzt fähig sind...

- Spüren Sie jetzt den Energiekreis.

- Teilen Sie allen, die sich im Energiekreis befinden, Ihre Verpflichtung mit: *„Ich werde besonders erfolgreich sein und mich voll und ganz für die Realisierung meiner Ziele einsetzen ..."*

- Jetzt geben Sie Ihre Ziele mit einer festen klaren Entscheidung in den „geistigen Energiekreis" hinein. Entscheiden Sie: *„Ich werden mein Ziele „..." physisch realisieren"*.

- Öffnen Sie sich noch weiter und spüren Sie, wie Ihnen der „geistige Energiekreis" antwortet: *„Wir sind überzeugt davon, denn wir glauben an dich."*

- Nun bestätigen Sie den anderen im Kreis, dass auch Sie als nun Gleichgesinnter überzeugt sind, dass jeder im „geistigen Energiekreis" seine angestrebten Erfolge realisieren wird. Sagen Sie: *„Ich glaube an euch."*

- Bedanken Sie sich und kehren Sie langsam in die Gegenwart und in die Umgebung zurück, in der Sie sich befinden ..., hören Sie auf die Musik ... Wenn Sie sich wieder ganz im Hier und Jetzt fühlen, öffnen Sie Ihre Augen ...

Fädeln Sie sich geistig möglichst einmal pro Woche in unseren „geistigen Energiekreis" ein. Auch wenn Sie mich jetzt noch für verrückt halten mögen, aber Sie werden nach einiger Zeit spüren, wie Ihnen zusätzliche Kraft aus dem „geistigen Energiekreis" zufließt und wie die Energie des Kreises Ihnen behilflich ist, Ihre individuellen Ziele zu finden und zu realisieren. Sollten Sie einmal alte Verhaltensmuster in ein Tief manipuliert haben, können Sie sich, neben der Anwendung der Spiegelübung, ebenfalls in unseren

„geistigen Energiekreis" einfädeln und daraus neue Kraft schöpfen.

Sollten Sie in Erwägung ziehen, diese Übung nur zu lesen, um sie dann zu überspringen, weil Ihre Verhaltensmuster Ihnen einreden: „Dieser Unsinn macht nun wirklich keinen Sinn mehr, jetzt wird es zu abenteuerlich, abgehoben und esoterisch", dann sind Sie immer noch nicht bereit, wirklich besonders erfolgreich zu werden.
Es ist natürlich Ihre Entscheidung. Aber ich möchte erneut zu bedenken geben: Ihre Art, sich zu verhalten, hat Sie genau dorthin gebracht, wo sie heute sind, und wenn Sie morgen erfolgreicher sein wollen, dann müssen Sie sich verbessern, oder Sie haben keine Chance. Also warum nicht ausprobieren? Es kostet Sie nichts, aber Sie werden viel gewinnen.
Falls Sie in den Kategorien abenteuerlich, abgehoben, esoterisch denken, dann sind es die in Ihrem Unterbewusstsein festgelegten gedanklichen Konditionierungen, die Sie so urteilen lassen. Ihr Unterbewusstsein überprüft diese Programmierungen und die sich daraus ergebenden Konsequenzen nicht. Es reagiert nur auf Reize und wirkt im Jetzt. Fehleinschätzungen werden nicht überprüft, weshalb wir uns in manchen Dingen immer wieder unangemessen oder überholt verhalten. Lipton und Bensch[13] fanden heraus, dass das – durch die in diesem Buch beschriebene bewusste Vorgehensweise – ausgeschüttete Adrenalin stärker ist als das Histamin, das uns als gespeicherte Konditionierung steuert.
Stellen Sie sich vor, Sie arbeiten in einem Unternehmen und Ihr Abteilungsleiter (Histamin) gibt Ihnen eine Anweisung. Anschließend kommt der Direktor (Adrenalin) herein und erteilt Ihnen einen gegensätzlichen Auftrag. Wem würden Sie folgen, um Ihren Job zu behalten? Mit dem durch die Vorgehensweisen in diesem Buch ausgeschütteten Adrenalin richten Sie Ihre bisherigen Programmierungen auf die Realisierung Ihrer zukünftigen Erfolge aus.

---

[13] **B. H. Lipton und K. G. Bensch**, 1992 »Histamine-Modulated Transdifferentiation of Dermal Microvascular Endothelial Cells«. Experimental Cell Research.

Achten sie bei Ihrem Anwenden der Erfolgsvitamine und Maßnahmen darauf, dass sich Ihr Wohlbefinden und Ihr Freiheitsgefühl steigern, dann sind Sie auf dem richtigen Weg. Sofern Bedenken auftauchen, schauen Sie, woher sie kommen, setzen Sie sie auf Ihren geistigen Spiegel und zerschlagen Sie alle Empfindungen und Bedenken. Anschließend kreieren Sie sich die geistigen Vorstellungsbilder, die Ihr Wohlbefinden und Freiheitsgefühl steigern.

Denken im großen Maßstab ermöglicht große
Erfolge, Denken im bescheidenen Maßstab
ermöglicht bescheidene Erfolge.

Der Erfolgsmaßstab

Erfolge können sich nur in dem Maßstab realisieren, indem Sie in der Lage sind zu denken. Auf dem Seminarmarkt zum Beispiel gibt es Trainer, die am liebsten als Coach arbeiten, weil sie dann eine persönlichere Beziehung zu ihren Trainees pflegen können. Andere bevorzugen lieber kleinere Gruppen, und wieder andere fühlen sich erst bei größeren Teilnehmergruppen, die in die Hunderte gehen, richtig zu Hause. Wieder andere blühen erst auf, wenn es Tausende werden.

Die überwiegende Zahl der Menschen fühlt sich überfordert, wenn es um einen wirklich großen Maßstab geht, weshalb sie sagen: „Ich fange einmal klein an und dann werden wir sehen." Das ist okay, auch wir bei KEET brauchen Menschen, die sich als Coach wohlfühlen, aber wir suchen auch Menschen, die unsere großen Ziele mit uns realisieren möchten! Und das sind Tausende von Teilnehmern.

Wer besonders erfolgreich sein will, muss das Leben anderer Menschen bereichern. Er muss ihnen etwas geben, das ihren Wert erhöht. Schon ab dem ersten Coachee darf es für denjenigen, der besonders erfolgreich werden will, nicht mehr um ihn gehen, sondern um die Menschen, denen er sein Wissen weitergibt. Dies gilt ganz besonders für denjenigen, der motiviert ist, sich in einem großen Maßstab einzubringen, und außergewöhnliche Erfolge realisieren möchte.

Der Maßstab für Ihren Erfolg ist die Dimension, in der Sie denken und woran Sie glauben können. Der Maßstab für Ihre außergewöhnlichen Erfolge muss darauf abzielen, Ihre individuellen Talente und Potenziale so optimal wie möglich zu nutzen und diese mit möglichst vielen Menschen zu teilen. Je größer die Zahl der Menschen ist, denen Sie geholfen haben, desto erfolgreicher werden

Sie mental, emotional, geistig und wirtschaftlich. Wenn Sie sich für außergewöhnliche Erfolge weiter öffnen wollen, wäre es ein guter erster Schritt, möglichst viele Menschen auf dieses Buch aufmerksam zu machen. Damit helfen Sie anderen Menschen, erfolgreicher zu werden, was wiederum Ihnen helfen wird, um ein Vielfaches erfolgreicher zu werden.

Unsere Welt braucht viel mehr Menschen, die damit aufhören, in kleinen Dimensionen zu denken. Die mit Verhaltensmustern aufräumen, die sie behindern und stattdessen ihre einzigartigen und großartigen Potenziale und Fähigkeiten hervorbringen. Wenn Sie in die beste Kapitalanlage der Welt, in sich „selbst", investieren, steigern Sie die Qualität Ihres Lebens und damit auch die Qualität Ihrer Erfolge.

Indem Sie dieses Buch lesen, die Erfolgsvitamine einnehmen und durch Ihr Handeln anwenden, unternehmen Sie einen weiteren wichtigen Schritt, die in Ihnen angelegten Gaben zu erschließen. Deshalb lassen Sie uns jetzt damit beginnen, eine neue Dimension Ihres Denkens festzulegen. Sie haben sich lange genug zurückgehalten oder geglaubt, nicht ausreichende Talente zu besitzen. Also, warum fangen Sie nicht an, im großen Stil zu denken, Ihre Talente zu erschließen, große Ziele zu setzen und deren Umsetzung anzugehen.

Kleines Denken führt zu kleinen Handlungen und damit zu kleinen Ergebnissen. Die Folgen sind Mangel und ein unerfülltes Leben. Das Denken im großen Maßstab führt zu Wohlstand, Bedeutung und Erfüllung. Entscheiden Sie sich, auch das liegt in Ihrer Hand!

Ich könnte mir vorstellen, dass einige Leser jetzt denken: „Besser, ich spiele nicht in der großen Liga mit, da bekomme ich wenigstens nicht so viele Probleme, lieber lebe ich ein nettes, einfaches und bescheidenes Leben." Ich würde diejenigen jetzt gerne persönlich fragen, wie sieht Ihr Leben denn heute aus? Sind Sie deshalb heute glücklicher oder haben Sie trotzdem Probleme? Hat dieses Denken Ihnen geholfen oder haben Sie dadurch „*nicht*" erreicht, wovon Sie im Stillen geträumt haben? Nicht zu erreichen, wovon man träumt, ist das größte Problem von allen.

Ist es da nicht besser, Probleme zu haben, deren Lösung es mir ermöglicht, zu erreichen, wonach ich strebe! Ja oder ja?

Erfolgsvitamin 9

Ich lege meine Hand auf mein Herz und lasse ein geistiges Bild zu dem folgenden Satz, den ich laut ausspreche, entstehen: *"Ich denke im großen Maßstab und helfe Tausenden von Menschen."*
Klare Entscheidung: *"Ich entscheide mich für meinen Erfolg."*
Hand auf die Stirn: *"Ich denke wie die erfolgreichsten Menschen auf unserem Planeten."*

Maßnahmen zur Verstärkung des Erfolgsvitamins 9

1. Schreiben Sie Ihre besonderen Gaben und Fähigkeiten auf ein Blatt Papier.

2. Öffnen Sie sich und erahnen Sie, welche verborgenen oder verschütteten Potenziale und Talente noch in Ihnen schlummern könnten, und notieren Sie diese ebenfalls.

3. Schreiben Sie auf, wo und in welchen Bereichen Ihres Lebens Sie all diese Begabungen zum Realisieren besonderer Erfolge einsetzen können.

4. Nehmen Sie sich den/die besonderen Erfolg/e vor, die Sie bei den Maßnahmen unter dem Erfolgsvitamin 5, Punkt 3 aufgeschrieben haben, und schauen Sie, ob Sie diese Ziele noch erweitern können.

5. Schreiben Sie auf, wie Sie mit Ihrem neuen Maßstab mindestens zehnmal so vielen Menschen Lösungen anbieten können, ihre Ziele zu erreichen.

6. Jede erfolgreiche Geschäftsbeziehung beruht auf der Fähigkeit, dem Geschäftspartner zu helfen, Lösungen zu finden und Erfolg bringend anzuwenden. Formulieren Sie mindestens drei

unterschiedliche Möglichkeiten mit den dazugehörigen Erfolgsstrategien.

7. Wenn Sie in einem Team von Kollegen an einem gemeinsamen Ziel arbeiten, finden Sie einen Termin für ein Brainstorming. Entwickeln Sie in diesem Brainstorming mindestens fünf verschiedene Ansätze, Ihre gemeinsamen Erfolge mindestens um das Zehnfache zu steigern. Dazu gehören die Durchführungsstrategien, die Ihnen und Ihrem Kunden helfen, besondere Erfolge zu erreichen.

8. Setzen Sie sich mit Freunden zusammen und berichten Sie ihnen von Ihrem neuen Erfolgsmaßstab, den Sie anstreben. Laden Sie sie ein, mit Ihnen zu gehen und ebenfalls neue Dimensionen zu erschließen. Mit denjenigen, die mitziehen, treffen Sie sich zu einem Brainstorming und finden mindestens drei verschiedene Möglichkeiten, um anderen Menschen zu helfen. Auch hier gehören die Durchführungsstrategien dazu, die dem Kunden und Ihnen helfen, Ihre besonderen Erfolge zu realisieren.

Bitte lesen Sie erst weiter, wenn Sie die Übungen so weit wie möglich durchlaufen haben.

Es gibt dumme Menschen, die sich zu erstaunlichen Leistungen aufschwingen, und es gibt sehr intelligente Menschen, die um ihr tägliches Brot betteln.
Es sind nur Überzeugungen, die den Unterschied machen.

Chancen und Risiken

In unserer Gesellschaft werden wir geradezu darauf trainiert, auf das Negative zu schauen. Kein Wunder, wenn sich für die überwiegende Zahl der Menschen überall Hindernisse, Probleme, Schwierigkeiten und Risiken auftürmen. Mit diesen Denkweisen ist es ebenfalls kein Wunder, dass es auf unserer Welt so viele durchschnittliche Menschen und so wenig wirklich erfolgreiche gibt. Wer weiter höchstens durchschnittlich sein möchte, der möge sich weiter auf die Risiken konzentrieren, wer allerdings besonders erfolgreich werden will, muss bereit sein, sich auf Chancen auszurichten, und sie ergreifen, wo sie sich bieten.

Bei Durchschnittsmenschen sind die Entscheidungen von Angst bestimmt. In Gedanken prüfen sie ihre Bedenken: „Das könnte Probleme geben ...!" – „Was, wenn es schiefgeht?" Sehr häufig kommen Sie dann zu dem Ergebnis: „Es geht nicht, ich lasse lieber die Finger davon!" Wer bereits erste Erfahrung mit Erfolgen gemacht hat, denkt meist etwas positiver: „Ich hoffe, es wird funktionieren!" Das ist zwar besser, aber nicht wirklich weiterführend.

Außergewöhnlich erfolgreiche Menschen sind ganz anders. Sie vertrauen auf ihre Erfolgsmuster, die ihnen sagen: „Es wird funktionieren." Sie übernehmen Verantwortung für ihre Ergebnisse und setzen ihre Kreativität ein, wenn einmal etwas nicht so funktioniert wie erwartet. Sie wissen, Rückschläge sind Hinweise, um zu lernen und um besser zu werden. Ihre auf einen großen Maßstab ausgerichteten Erfolgsmuster geben ihnen Vertrauen, auftretende Probleme zu lösen oder einen anderen Weg zu größeren Erfolgen zu finden.

Bitte verstehen Sie mich richtig. Die Bereitschaft, Risiken einzugehen, bedeutet nicht, sich wahllos auf Risiken einzulassen. Erfolgreiche Menschen holen alle verfügbaren Informationen ein, sehen sich die Fakten an und untersuchen die Chancen. Ihre Erfolgskonditionierungen sind auf besondere Erfolge ausgerichtet und ermöglichen ihnen deshalb ein Gespür für lukrative Geschäfte. Weshalb sie innerhalb kürzester Zeit erkennen und entscheiden können, ob sie in ein Geschäft investieren oder nicht.

Risikoorientierte Menschen hingegen behaupten immer wieder, sie würden sich auf geschäftliche Chancen vorbereiten und sie müssten noch weitere Informationen einholen. Tatsächlich ist diese Behauptung in der Regel eine von Angst bestimmte Hinhaltetaktik. Ihre Angst zu handeln lässt sie wochen- und monatelang nichts tun. Manchmal denken sie Jahre über eine sich bietende Chance nach, die vermeintlichen Risiken lassen sie oft so lange zögern, bis die Chance vorbei ist.

Vielleicht werden einige Leser jetzt einwenden, aber ein bisschen Glück gehört auch zu einem besonderen Erfolg. Kennen Sie die Volksweisheit „Das Glück winkt dem Tüchtigen"? Fakt ist, wenn Sie sich in Ihr Zimmer einschließen und im Bett über die vielen Risiken des Lebens nachdenken, statt aktiv zu werden und zu handeln, wird Ihnen auch kein Glücksfall begegnen. Sollten Sie sich jedoch mit den Erfolgsvitaminen aus diesem Buch auf besondere Erfolge ausrichten, dann wird eintreffen, wonach Sie streben. Warum ich so sicher bin? Ich weiß es und Tausende KEET-Seminarteilnehmer wissen es auch. Sie haben mit Ihren Erfolgsvitaminen einen Samen gepflanzt, der sie überaus erfolgreich gemacht hat.

Wenn Sie Menschen über Glück oder Pech reden hören, das ihnen zugestoßen ist, dann wissen Sie, Sie stehen einem Verlierer gegenüber. Denn sowohl Glück als auch Pech sind kein Zufall. Hinter beiden Ergebnissen steckt eine Spielregel, eine Gesetzmäßigkeit unseres Universums, die besagt: Worauf sich jemand konzentriert, das vergrößert sich." Wenn Sie sich wie alle erfolgreichen Menschen auf Ihre Chancen konzentrieren, werden sich Chancen für besondere Erfolge auftun. Wer sich jedoch auf die Risiken des

Lebens konzentriert, der wird am Ende recht bekommen. Sein Leben wird immer risikoreicher werden.

Um Ihnen ein wenig Salz in Ihre bisherigen Erkenntnisse zu streuen, lassen Sie mich Ihnen sagen, auch die erfolgreichsten Menschen haben jede Menge Probleme, die sie zu lösen haben. Sie sehen Probleme aber nicht als Hindernisse, sondern als Ansporn, sie behalten ihr Ziel im Auge und erkennen in dem Problem die Chance, hinzuzulernen, bis sich ihnen eine Lösung für das Problem eröffnet.

Risikoorientierte Menschen haben selten Ziele, sie verbringen ihre Zeit eher rückwärtsgewandt, um Brände zu löschen, die in ihrem Leben auftauchen.

Von Wayne Gretzky, einem legendären amerikanischen Eishockeystar, stammt das Zitat: „Ich skate dorthin, wo der Puck sein wird, nicht dahin, wo er war." Und so bewegen sich erfolgreiche Menschen aktiv in die Zukunft, behalten ihre Ziele im Auge und ergreifen Chancen, mit denen sie erfolgreicher werden. Währenddessen schauen die risikoorientierten auf mögliche Gefahren und sagen: „Ich warte lieber noch etwas ab", „Mir fehlen noch Informationen", „Ich bin noch in den Vorbereitungen".

Ein weiterer Unterschied zwischen erfolgreichen und erfolglosen Menschen ist, erfolgreiche konzentrieren sich darauf, noch erfolgreicher zu werden, mehr Geld zu verdienen und erneut zu investieren, um noch erfolgreicher zu werden. Erfolglose Menschen konzentrieren sich auf das Ausgeben von Geld. Oft sogar Geld, das sie sich leihen müssen, weil sie es nicht haben.

In unseren Seminaren verwenden wir ein Beispiel aus dem Bogenschießen. Wer einen Erfolg erreichen will, muss seinen Pfeil in Richtung seines Ziels abschießen. Dazu muss er den Bogen spannen, sein Ziel anvisieren und dann seinen Pfeil loslassen. Vor allem am Anfang, wenn Sie im Bogenschießen noch ein wenig ungeübt sind, kann es geschehen, dass Sie Ihr anvisiertes Ziel nicht unerheblich verfehlen. Das macht doch nichts, legen Sie einen neuen Pfeil ein, visieren Sie Ihr Ziel erneut an, und sie werden sehen, Ihr Pfeil kommt Ihrem Ziel schon etwas näher.

Auch risikoorientierte Menschen wollen Erfolge erzielen, damit unterscheiden sie sich in keiner Weise von den chancenorientierten. Der Unterschied liegt nur darin, sie legen einen Pfeil auf ihren Bogen, visieren das Ziel an, spannen die Sehne, aber nur ganz wenig, denn die Sehne könnte ja reißen. Außerdem lassen sie ihren Pfeil nicht los, denn er könnte ja sein, dass sie ein Risiko übersehen haben. Zum Beispiel könnte der Bogen einseitig ziehen, der Pfeil verzogen sein oder der Wind könnte Einfluss nehmen und, und, und. Und am Ende erlahmen die Kräfte durch das ständige Spannen der Sehne. Falls sie den Pfeil doch noch loslassen, fliegt er durch das zögerliche Spannen der Sehne zu kurz, und wieder einmal haben sie ihr Ziel verfehlt. Der Misserfolg raubt ihnen weitere Kraft, und so bleibt wenig, wenn überhaupt noch etwas für das erneute Anvisieren des Ziels übrig. Die Risiken sind einfach zu groß, das haben sie gerade wieder erfahren müssen. In der Folge visieren sie oft einen weiteren Erfolg erst gar nicht mehr an und begnügen sich mit dem, was sie haben.

Ich bitte Sie, es ist völlig unmöglich, alle Eventualitäten, die Ihnen auf dem Weg zu besonderen Erfolgen begegnen werden, im Voraus zu wissen, nicht einmal erahnen können Sie die Eventualitäten. Das Leben verläuft nun mal nicht in geraden Linien, dazu sind die Einflüsse aus den Tiefen unseres Seins viel zu vielfältig. Das Leben verläuft aufgrund dieser Beeinflussungen eher wie eine kurvenreiche Straße. Wenn Sie um die nächste Ecke sind, werden Sie schon wieder etwas mehr erkennen. So wichtig theoretische Vorabrecherchen sind, so wenig werden Sie Ihnen bringen, wenn Sie Ihren Pfeil nicht durch Handeln loslassen.

Auch mein Leben verlief mit Höhen und Tiefen. Ich erkannte Chancen, nutzte sie und stellte fest, dass ich nicht sehr treffsicher war. Lernte dazu, und es ging ein wenig weiter bergauf. Ich vertiefte meine Erkenntnisse und mein Wissen im Bereich der geistigen Erfolgsspielregeln und beschloss Mitte der 80er-Jahre, Menschen dabei zu unterstützen, erfolgreicher zu werden. Dies hatte ich schon früher getan, aber ich wollte es intensivieren und begann, die KEET-Seminare zu entwickeln. Mein Ziel war es, ein wesentliches Manko der bis heute üblichen Seminare zu vermeiden. Ich wollte meinen Seminarteilnehmern keine vorgefertigten Erfolgskonzepte anbieten, die von ihrer individuellen Persönlichkeit allzu oft unterlaufen werden. Ich wollte mich mit den typischen Seminareffekten, große Begeisterung, kurzer Energieschub und dann keine wesentlichen Resultate mehr, nicht abfinden. Der Schlüssel dazu war die KEET-Eigendialogkommunikation. Die erwähnte Übungsform, in der unsere Teilnehmer, durch Fragen geführt, in einen Dialog mit sich selbst gehen und so unbeeinflusst von außen erfolgsentscheidende Verhaltensmuster erkennen und sie von innen heraus an ihre neue Zielrichtung anpassen. Auf diese Weise werden auf natürlichem Weg außergewöhnliche Erfolge möglich. Denn die angepassten und neuen Erfolgsmuster bilden eine Synthese mit der individuellen Persönlichkeit des Teilnehmers.

Von 1988 bis Mitte der 90er-Jahre trainierten wir über 2000 Menschen, von denen viele mit uns bis heute verbunden sind. Danach ergriffen meine Frau und ich die Chance, unseren Traum zu leben. Wir bereisten mit unserem Segelschiff die entferntesten und entlegensten Winkel unserer Erde, auch hier haben wir festgestellt, dass die Erfolgsmuster, um die es in diesem Buch geht, ihre Wirkung nicht verfehlten. Sie wirkten und haben uns selbst die heftigsten Stürme im Südpazifik und das Eis in der Antarktis unbeschadet überstehen lassen. Parallel zu unseren Expeditionen haben wir die Erfahrungen auf unseren Reisen in die Inhalte der KEET-Success-Mind-Seminare einfließen lassen und die Eigendialogübungen ständig weiterentwickelt.

In der Zwischenzeit haben ehemalige Teilnehmer beschlossen, KEET weiterzuführen, damit das Wissen und die besondere Trainingsmethode der KEET-Eigendialogkommunikation erhalten bleiben. Auch wir haben uns dazu entschlossen, unsere alten und neuen Erkenntnisse wieder mit anderen Menschen zu teilen und uns einzubringen. Aus diesem Grunde finden Sie im Anhang zu diesem Buch einen Link zu einem Investitionsgutschein. Wenn Sie es also ernst meinen mit Ihrem Wunsch, besondere Erfolge erzielen zu wollen, ergreifen Sie unsere ausgestreckte Hand und investieren Sie in die beste Kapitalanlage: Sie selbst!

Erfolgsvitamin 10

Ich lege meine Hand auf mein Herz und lasse ein geistiges Bild zu dem folgenden Satz, den ich laut ausspreche, entstehen: „Ich konzentriere mich auf meine Chancen und nutze sie."
Klare Entscheidung: „Ich entscheide mich für meinen Erfolg."
Hand auf die Stirn: „*Ich denke wie die erfolgreichsten Menschen auf unserem Planeten.*"

Maßnahmen zur Verstärkung des Erfolgsvitamins 10

1. Gibt es ein geschäftliches Projekt, das Sie schon lange interessiert und dessen Beginn Sie vor sich herschieben? Notieren Sie dieses Projekt auf einem Blatt Papier.

2. Was sind Ihre Bedenken? Schreiben Sie sie auf.

3. Setzen Sie den ersten aufgeschriebenen Zweifel auf Ihren geistigen Spiegel und zerschlagen Sie ihn. Anschließend entscheiden Sie sich dafür, die Chance zu nutzen. Beginnen Sie mit den Vorbereitungen jetzt und starten Sie von der Position, in der Sie sich heute befinden.

4. Nehmen Sie sich jetzt Ihre weiteren Bedenken, die auftauchen, einzeln vor und verfahren Sie wie unter Punkt 3.

5. Falls Sie für Ihr Projekt noch Informationen benötigen, entscheiden Sie jetzt, diese einzuholen. Falls nein, starten Sie mit Ihrem Projekt umgehend.

6. Wenn Sie auf Widerstände stoßen, konzentrieren Sie sich auf die Chancen in den Problemsituationen, und nutzen Sie die Schwierigkeiten, um besser zu werden.

7. Schreiben Sie eine Liste mit mindestens zehn Dingen, für die Sie sich dankbar sind. Aber bitte konzentrieren Sie sich darauf, was Sie haben, nicht auf das, was Sie haben wollen.

8. Fassen Sie jeden der zehn Punkte zu einem Satz zusammen und lassen Sie zu jedem Satz ein geistiges Bild entstehen. Wenn Sie das Bild klar vor Ihrem geistigen Auge haben, legen Sie Ihre Hand auf Ihr Herz und sprechen den Satz laut aus.

9. Gehen Sie für mindestens einen Monat lang möglichst jeden Tag diese Liste Satz für Satz durch. Lassen Sie Ihr geistiges Bild dazu entstehen, legen Sie Ihre Hand aufs Herz und sprechen Sie jeden einzelnen Satz laut aus.
Der Sinn dieser Übung ist, sich dankbar zu sein für das, was Sie erreicht haben. Aus dieser Übung werden Sie eine positive Motivation ziehen und vor allem die Voraussetzungen schaffen, sich auch für zukünftige Erfolge dankbar sein zu können.

Auf unserer Website www.KEETSeminare.com finden Sie eine grafisch gestaltete Liste „Wofür ich mir dankbar bin".

Bitte lesen Sie erst weiter, wenn Sie die Übungen so weit wie möglich durchlaufen haben.

Der Verstand ist wie ein Fallschirm; er funktioniert nur,
wenn er offen ist.

Seriosität, Akzeptanz und Bewunderung

Menschen, die mit Erfolgen noch nicht so viel Erfahrung haben, neigen dazu, die Erfolgreichen mit Neid, Misstrauen, Eifersucht und/oder Argwohn zu betrachten. Es ist erstaunlich, mit wie viel negativer Energie, ja oft Wut, unvermögende Menschen den Erfolgreichen begegnen.
Sollten Sie derartige Tendenzen an sich erkennen, so müssen Sie sich entscheiden! Sie können nicht erfolgreiche Menschen auf der einen Seite verachten und auf der anderen Seite haben wollen, was diese bereits besitzen. Das stimmt zweifelsohne nicht ganz, denn natürlich können Sie alles haben, was Sie wollen, Sie werden es nur nie besitzen. Denn Ihre Verhaltensmuster, die den Erfolgreichen entgegenstehen, verstehen dies zu unterbinden. Dabei ist es völlig egal, ob Sie erfolglos bleiben, weil Sie Erfolgreiche nicht leiden können, oder ob Sie erfolglos sind, weil Sie etwas gegen Reichtum haben. In beiden Fällen werden Sie Ihre Erfolglosigkeit so lange festschreiben, solange Sie nicht bereit sind, Ihre Verhaltensmuster anzupassen, die Sie so denken lassen.

Als ich im Vertrieb für hochwertige Hi-Fi-Komponenten tätig war, besuchte ich auf einer meiner Verkaufsrundreisen einen Händler, zu dem ich einen sehr guten Kontakt hatte. Im Verlaufe unseres nicht immer geschäftlichen Gesprächs erzählte er mir, was er im letzten Jahr alleine an meinen ihm verkauften Produkten verdient hatte. Es war das Zehnfache meines Jahreseinkommens. Ich spürte, wie mich negative Gedanken überkamen und ich neidisch wurde. Ich begann mich für einen Idioten zu halten, der für so wenig Geld arbeitete, und hörte mich gleichzeitig sagen: „Geld ist nicht alles." Als mir das bewusst wurde, schimpfte ich mich erst recht einen Idioten. Ich war dabei, meinen Verhaltensmustern „Neid" und „Geld ist nicht alles" Bedeutung zu geben und damit die Vorkehrungen zu treffen, auch in Zukunft mein Einkommen zu beschränken, um auf andere neidisch sein zu können.

Natürlich ist Geld nicht alles, aber wenn ich es ablehne, lehne ich damit auch Erfolge ab. Und ein Leben ohne Erfolg und Geld ist ganz sicher nicht sehr schön. Also bedankte ich mich bei den Verhaltensmustern für die Information und löste sie in aller Liebe auf. Mit der frei werdenden emotionalen Energie startete ich Erfolgsmuster, die mich so erfolgreich machten, dass Neid überflüssig wurde.

Wir hatten bereits beleuchtet, dass viele Menschen aus Angst nach Erfolgen streben, in der Hoffnung, mit dem einhergehenden Wohlstand abgesichert zu sein. Was bleibt ist die Angst, egal wie groß die Erfolge und das Vermögen werden. Deshalb begründen wahrhaft erfolgreiche Menschen Ihre Erfolge auf Seriosität, Akzeptanz und Bewunderung. Auf diesen drei Grundpfeilern bauen Erfolge auf, die erfüllen und glücklich machen. Wann immer ich solche Menschen traf, war ich beeindruckt von deren Seriosität. Von allen Eigenschaften, die erforderlich sind, um außergewöhnlich erfolgreich zu werden, ist Seriosität besonders wichtig. Große Erfolge lassen sich in der Regel nicht alleine realisieren, Sie brauchen Menschen, die Ihnen vertrauen, und Menschen vertrauen nun einmal nur denjenigen, die vertrauenswürdig sind.

Als ich auf der Basis dieser Erfolgsvitamine anfing, lohnenswerte Ziele anzustreben, begann ich mich, wie schon geschrieben, in das Umfeld der Menschen zu begeben, die das schon erreicht hatten, wonach ich noch strebte. In der Annahme, es nur mit eingebildeten und hochnäsigen Leuten zu tun zu haben, die mich ganz sicher nicht akzeptieren würden, versuchte ich zuerst möglichst unauffällig zu bleiben und nicht aufzufallen. Natürlich gibt es Ausnahmen, aber nicht bei den Erfolgreichen und Glücklichen. Bei ihnen fand ich keine Snobs, sondern Menschen, die mich durch ihre Freundlichkeit beeindruckten. Sie sprachen mit mir wie mit ihresgleichen, boten mir ihre Unterstützung an und luden mich ein. Mich, der ich in ihren Augen ein Nobody sein musste. Viele von ihnen waren bei Hilfsorganisationen aktiv und organisierten

Spendenaktionen. Ein Arzt mit einer eigenen überaus erfolgreichen Klinik, der später auf eines unserer Seminare kam, fuhr jedes Jahr in seinem Urlaub nach Afrika und operierte dort kostenlos bis zu zehn Menschen am Tag.
Meine Bedenken, abgelehnt, nicht ernst genommen oder erst gar nicht beachtet zu werden, lösten sich in kürzester Zeit in Luft auf. Wirklich erfolgreiche Menschen sind die freundlichsten und großzügigsten Menschen, die ich kennengelernt habe. Selbstverständlich gibt es auch welche darunter, die überheblich und unfreundlich sind, sie sind aber recht selten, und es handelt sich meist um diejenigen, die ihren Erfolgen mit innerem Druck oder Unzufriedenheit nachjagen. Also keine wirklich erfolgreichen Menschen. Wahrhaft erfolgreich ist nur, wer mit Erfolg seine Lebensqualität erhöht. Menschen, die ihren Antrieb zum Erfolg aus einem inneren Druck und Unzufriedenheit beziehen, wird nichts auf dieser Welt je glücklich und zufrieden machen können.
Ich möchte auch mit der Mär aufräumen, Erfolgreiche seien schlechte Menschen, das ist blanker Unsinn. Natürlich kann man in Zeitungen von denen lesen, die ihr Vermögen durch Lug und Betrug gemacht haben. Auch das Fernsehen strahlt ab und zu Berichte über solche Menschen aus. Aber warum? Ganz einfach, weil sie Seltenheitswert und deshalb einen Nachrichtenwert haben.
Aufgefallen ist mir auch, dass wahrhaft erfolgreiche Menschen sich die Bewunderung für die Menschen erhalten haben, die sie auf ihrem Lebensweg förderten. Das gilt nicht nur für diejenigen, die ihnen geholfen haben, die Erfolgsleiter hinaufzuklettern, sondern auch für die Menschen, die ihnen Dinge mit auf ihren Lebensweg gegeben haben, die leicht in Vergessenheit geraten. In meinem Leben trifft das auf meine Großmutter zu. Sie war eine unglaublich starke Frau, die zwei Weltkriege, Wirtschaftsdepressionen und Hungersnöte erlebt und durchlitten hatte. Mit ihrer inneren Stärke gab sie mir ein Verhaltensmuster mit, das mir als Sprungbrett sehr geholfen hat. Aus diesem Grund möchte ich es nicht versäumen, ihr an dieser Stelle erneut für das zu danken,

was diese einfache Frau für mich getan hat. Ich bewundere dich sehr, Oma.

Menschen, die sich ihre Fähigkeit zu bewundern erhalten haben, bewundern auch diejenigen, die noch nach Erfolgen streben, die sie selbst schon erreicht haben, und werden deshalb ihr Wissen bereitwillig weitergeben. Dies ist die beste Grundlage, um selbst noch weit größere Erfolge realisieren zu können.

Worum es erneut geht, ist, erst wenn es Ihnen gelingt, erfolgreiche und reiche Menschen zu bewundern, werden Sie in der Lage sein, Erfolge zu realisieren, die Sie glücklich und zufrieden machen. Menschen zurückzuweisen und abzulehnen ist ein sicherer Weg, erfolglos, mittellos und unglücklich zu bleiben oder es zu werden.

Ich muss es immer und immer wiederholen: Wir folgen den Gewohnheiten, die ihren Antrieb aus unseren Verhaltenskonditionierungen beziehen. Und wenn diese Sie zwingen wollen, erfolgreiche Menschen zu beneiden, abzulehnen oder als schlecht zu verurteilen, dann können Sie sich keinen größeren Gefallen tun, als sich bei diesem Verhaltensmuster zu bedanken. Warum? Es hat Sie darauf hingewiesen, dass es dringend etwas zu tun gibt. Nämlich dieses Erfahrungsprogramm dahin gehend zu verbessern, dass Sie erfolgreiche Menschen ohne Vorbehalte bewundern können. Das Beste, was Sie auf Ihrem Weg zu Ihren besonderen Erfolgen für sich selbst tun können, ist: „Gönnen Sie jedem Menschen, den Sie treffen, alles, was er ist und besitzt, von ganzem Herzen."

Bei den Polynesiern in der Südsee, die meine Frau und ich mit unserem Segelschiff besucht haben, sprachen wir mit einem der Dorfältesten, und er sagte uns im Verlaufe unseres Gesprächs: „Segne, was du möchtest!"

Das ist großartig! Wenn Sie jemanden mit einem schönen Haus treffen, segnen Sie das Haus und die Menschen, gönnen Sie es ihnen von Herzen und gratulieren Sie ihm dazu. Wenn Sie einen Menschen mit einer liebenden Familie treffen, segnen Sie diese Familie, freuen Sie sich mit ihm und gratulieren Sie ihm zu seinem

Glück. Wenn Sie einen Menschen mit einem tollen Auto treffen, segnen Sie den Menschen und das Auto, gönnen Sie es ihm und gratulieren Sie ihm dazu. Wenn Sie einen Menschen mit einer tollen Ausstrahlung treffen, segnen Sie diesen Menschen und gratulieren Sie ihm zu seiner Wirkung auf andere. Wenn Sie einen Menschen mit einem wunderschönen Aussehen treffen, segnen Sie ihn, bewundern Sie ihn und gratulieren Sie ihm zu seiner Erscheinung. Sie müssen verinnerlichen, dass Sie niemals wirklich erfolgreich werden können, solange Sie einem anderen Menschen etwas neiden. Falls Sie mir jetzt vorhalten, dass Sie Menschen kennen, die genau das tun und trotzdem erfolgreich sind, dann sage ich Ihnen: sicher doch, aber sie sind nicht glücklich, und der Erfolg wird auch nicht bei ihnen bleiben. Wollen Sie das?

Erfolgsvitamin 11

Ich lege meine Hand auf mein Herz und lasse ein geistiges Bild zu dem folgenden Satz, den ich laut ausspreche, entstehen: *„Ich bewundere und liebe erfolgreiche Menschen und werde einer von ihnen."*
Klare Entscheidung: *„Ich entscheide mich für meinen Erfolg."*
Hand auf die Stirn: *„Ich denke wie die erfolgreichsten Menschen auf unserem Planeten."*

Maßnahmen zur Verstärkung des Erfolgsvitamins 11

1. Wenn Sie Züge von Missgunst oder Neid in sich feststellen sollten, schreiben Sie diese auf.

2. Setzen Sie jetzt die zum ersten Satz gehörigen Situationen auf Ihren geistigen Spiegel und zerschlagen Sie das geistige Bild und die Empfindungen, die er auslöst.

3. Kreieren Sie zu der zerschlagenen Situation jetzt ein geistiges Bild, in dem Sie von Herzen gönnen können.

4. Legen Sie Ihre Hand auf Ihr Herz und sagen Sie: *„Ich gönne von Herzen."*

5. Jetzt gehen Sie zu Punkt 1 zurück und verfahren mit dem nächsten Satz genauso. *(Wenn Sie alle unter Punkt 1 aufgeschriebenen Sätze nacheinander durchlaufen haben, gehen Sie zu Punkt 6.)*

6. Lieben Sie, was Sie anstreben. Lassen Sie ein geistiges Bild zu dem entstehen, was Sie anstreben. Legen Sie Ihre Hand auf Ihr Herz und sagen Sie: *„Ich liebe, was ich anstrebe."*

7. Kaufen Sie sich Zeitschriften und lesen Sie die Geschichten erfolgreicher Unternehmer. Auch wenn Sie es nicht direkt anstreben sollten, sehen Sie sich Bilder von schönen Häusern, Grundstücken, Autos, Flugzeugen und Jachten an, und freuen Sie sich für die Eigentümer, segnen Sie sie und wünschen Sie ihnen alles Gute und weiterhin nur Erfolg und Glück.

8. Schreiben Sie einem Ihnen unbekannten, besonders erfolgreichen Menschen, den Sie bewundern, einen Brief oder eine E-Mail und teilen Sie ihm mit, wie sehr Sie ihn für seine Leistung bewundern. Und bitte schicken Sie Ihr Schreiben unbedingt ab, sonst fehlt die vollständige Handlung. Ohne abgeschlossene Handlung laufen Sie Gefahr, dass auch Ihre Erfolge immer unvollendet bleiben. Also bitte abschicken!

Bitte lesen Sie erst weiter, wenn Sie die Übungen so weit wie möglich durchlaufen haben.

Identifizieren Sie sich mit positiven Ideen,
aber halten Sie sich fern von negativen Überzeugungen.

Positive und negative Motivation

Eine positive Sicht auf erfolgreiche Menschen macht diese für Sie zu Vorbildern, denen es nachzueifern lohnt. Deshalb erhalten Sie sich Ihre Bewunderung, denn sie weckt Begeisterung für Erfolg, und die ist ansteckend. Genauso wie Misserfolg für all diejenigen ansteckend ist, die sich damit identifizieren. Suchen Sie sich also Ihre Freunde mit Bedacht aus. Wer mit den Adlern fliegen will, sollte nicht mit den Hühnern gackern. Die Gefahr ist zu groß, sich zu identifizieren und das elegante Fliegen zu verlernen.

Wenn Sie von einem Menschen hören, dass er eine schlimme Grippe hat, halten Sie doch auch einen gewissen Abstand, oder nicht? Menschen können uns positiv motivieren oder negativ infizieren.

Die großartige Fähigkeit unseres Bewusstseins, die programmierten Verhaltensmuster in unserem Unterbewusstsein optimieren zu können, hat leider auch eine Schwäche. Die Lernfähigkeit unseres Bewusstseins ist so weit ausgeprägt, dass wir Wahrnehmungen indirekt von anderen übernehmen können. Dies geschieht, indem wir diese Wahrnehmungen als „Wahrheiten" akzeptieren. Ab diesem Moment werden sie zu unserer „Wahrheit". Doch was ist, wenn diese „Wahrheit" für uns ungeeignet oder gar schädlich ist? Dann haben Sie sich infiziert und auf etwas konditionell ausgerichtet, was Ihnen nichts nützt. Deshalb halten Sie sich fern von negativen Menschen, damit mindern Sie die Gefahr, sich indirekt zu infizieren.

Ich für meine Person umgebe mich lieber mit Menschen, die mich positiv stimulieren. Und gebe diese positive Stimulation an andere weiter.

Vielleicht werden Sie fragen, was mache ich, wenn ich negative Menschen in meinem Umfeld habe, wenn mein Partner, Kollege oder Chef absolut verneinend ist, ich aber nach dem Himmel greifen möchte. Nun, das ist sicher eine Herausforderung und stellt eine Prüfung für Sie dar. Die Übung am Ende dieses Kapitels wird Ihnen helfen, an Ihrem Griff nach Ihren Gestirnen festzuhalten. Versuchen Sie aber nicht, diese Menschen zu ändern, nur selten werden Sie damit Erfolg haben. Denn wer sich nicht ändern will, den kann niemand dazu zwingen. Ihre Prüfungsaufgabe kann nur sein, Ihren positiven Weg als leuchtendes Vorbild, das sich nicht beirren lässt, weiterzugehen. Und indem Sie Ihr Licht der Positivität ausstrahlen, wird es den Negativen schwerfallen, sich weiterhin im Dunkeln zu verstecken. Zu Ihrer Prüfungsaufgabe gehört weiterhin, sehr bewusst zu sein und sich zu beobachten. In dem Moment, in dem Sie bemerken, dass Sie ebenfalls anfangen zu kritisieren und zu verurteilen, sind Sie dabei, sich zu infizieren. Wenn Sie dies zulassen, werden Sie am Ende nicht besser sein als die Verneiner und Kritiker, die wahrscheinlich auch Sie kritisieren. Halten Sie sich vor Augen: Wenn jemand kritisiert, sagt das alles über den Kritiker, aber nichts über den Kritisierten. Das ist aber noch nicht alles. Der Kritiker wird in seinem Leben anziehen, was er kritisiert. Furchtbar! Warum sollten Sie sich das antun?

Achten Sie auch darauf, sich aus Klatsch und Tratsch herauszuhalten. Wenn Menschen hinter dem Rücken schlecht über andere reden, dann werden sie bei nächster Gelegenheit auch hinter Ihrem Rücken schlecht über Sie reden. Ist das die Lebenszeit wert, die Sie in solche Menschen investieren? Nutzen Sie lieber die Zeit und hören Sie, was Menschen zu sagen haben, die erfolgreich sind. So zum Beispiel Unternehmer, Künstler und Sportler. Achten Sie, wie Sie zu Ihren Erfolgen stehen und was sie dazu sagen. Sie werden sofort erkennen, wer von ihnen ein wahrhaftiger, ein glücklicher Siegertyp ist. Achten Sie auch auf die Aussagen bei Niederlagen. Da werden Sie bei Menschen, die dauerhaft erfolgreich sind, Aussagen hören wie: „Es war eine tolle Leistung des Teams, aber hier und da können und müssen wir uns noch verbessern", „Es ist nur eine Niederlage, wir werden hinzulernen und uns erneut auf unser Ziel ausrichten", „Hinzufallen ist keine

Schande, nur liegen zu bleiben. Deshalb werden wir wieder aufstehen und weitermachen", „Jetzt werden wir erst recht unsere Fehler analysieren und dann zulegen".

Sollten Sie sich im Umfeld solcher Menschen wohlfühlen, sind Sie auf dem richtigen Weg; verunsichern Sie solche Menschen, gibt es etwas zu tun. Tatsächlich gibt es immer etwas zu tun, egal wie erfolgreich Sie bereits sind. Wir alle haben noch lange nicht all unsere Möglichkeiten ausgeschöpft, und wenn Sie möchten, dass Ihr Leben weiter sprudelt, dann tun Sie gut daran, Ihre Potenziale immer weiter auszuschöpfen und in unserer Welt zu erproben. Damit Ihnen dies leichter fällt, eifern Sie den erfolgreichen Menschen nach, bewundern und lieben Sie sie. Adaptieren Sie deren Fähigkeiten, und richten Sie Ihre eigenen Erfolgsmuster neu aus. Auf diese Weise werden Sie in naher Zukunft, wenn Sie einen besonders erfolgreichen Menschen berühren wollen, nur sich selbst berühren müssen.

Erfolgsvitamin 12

Ich lege meine Hand auf mein Herz und lasse ein geistiges Bild zu dem folgenden Satz, den ich laut ausspreche, entstehen: *„Ich begebe mich in die Nähe besonders erfolgreicher Menschen."*
Klare Entscheidung: *„Ich entscheide mich für meinen Erfolg."*
Hand auf die Stirn: *„Ich denke wie die erfolgreichsten Menschen auf unserem Planeten."*

Maßnahmen zur Verstärkung des Erfolgsvitamins 12

1. Lesen Sie Biografien von besonders erfolgreichen Menschen, die Sie bewundern und die Sie inspirieren.

2. Wenn möglich, werden Sie Mitglied in einem Klub, in denen sich die Menschen aufhalten, denen Sie nacheifern wollen. Sei es Tennis, Golf, Rotary, Lions oder Ähnliches.

3. Suchen Sie wiederholt die Plätze auf, an denen sich die Menschen aufhalten, die Sie inspirieren. Trinken Sie dort einen Kaffee oder essen Sie etwas. Lernen Sie, sich in dieser Atmosphäre wohlzufühlen.

4. Wenn Sie fernsehen, dann schauen Sie sich Sendungen an, die Sie weiterbringen. Der ehemalige RTL-Chef Ludwig Thoma hat den Satz geprägt: „Im Seichten kann man nicht ertrinken." Leider sind die meisten Fernsehsendungen heute genau das, seicht und weitestgehend intelligenzfrei. Hören Sie auf damit, sich so etwas anzusehen, oder wollen Sie sich infizieren?

5. Wenn Sie zu einem Menschen eine Beziehung unterhalten, der einen negativen Einfluss auf Sie hat, dann wird Ihnen die folgende Übung helfen, Klarheit zu schaffen und eine Entscheidung zu treffen.

100-Prozent-Übung

Geben Sie ab sofort in dieser Beziehung 100 Prozent. Lassen Sie sich nicht mehr von der Negativität des anderen beeinflussen. Entscheiden Sie für sich: „Ich gebe 100 Prozent bis zum ...", und setzen Sie sich ein genaues Datum, bis wann Sie bereit sind, den vollen Einsatz für eine Verbesserung der Beziehung zu bringen. Wenn sich bis zu diesem Zeitpunkt etwas in eine positive Richtung bewegt hat, setzen Sie einen neuen Termin, bis wann Sie bereit sind, 100 Prozent zu geben, um der Beziehung eine weitere Chance zur Verbesserung zu geben. Aber bitte seien Sie sich bewusst: In keiner Beziehung wird eine vollkommene Übereinstimmung möglich sein. Wir sind nun einmal einzigartige Individuen. Wer hundertprozentige Übereinstimmung erwartet, dem ist Frustration sicher.
Sofern sich trotz Ihres hundertprozentigen Einsatzes die Beziehung nicht verbessert, so haben Sie Ihr Bestes gegeben! Jetzt müssen Sie eine Entscheidung treffen: Wollen Sie Ihre Situation akzeptieren und so weitermachen oder nicht? Falls Sie zu dem Entschluss kommen, dass Ihnen Ihr Leben zu wertvoll ist, um sich weiter einem solchen Einfluss auszusetzen, dann kommen Sie an einer Trennung nicht vorbei. Aber diese Trennung wird sich sehr wahrscheinlich wesentlich von Ihren bisherigen Trennungen unterscheiden. Da Sie Ihr Bestes gegeben haben, denn mehr als 100 Prozent konnten Sie nicht einbringen, brauchen Sie sich nicht zu fragen: „Was wäre gewesen, wenn ich die 10, 20 oder 30 Prozent Einsatz eingebracht hätte, die ich zurückgehalten habe?" Ein weiterer Vorteil ist: Sollte es zur Trennung kommen, wird diese in der Regel in wesentlich größerem Einvernehmen verlaufen, als es heute oft der Fall ist. Ihr klarer hundertprozentiger Einsatz hat verhindert, dass Sie sich zu sehr von Ihren angestrebten Erfolgen haben abbringen lassen.
Bitte lesen Sie erst weiter, wenn Sie die Übungen so weit wie möglich durchlaufen haben.

*Ohne innere Größe, keine äußere;
ohne inneres Wachstum, kein äußeres.*

Wachsen ... wachsen ... wachsen ... Sie

Jeder Weg zu größeren Erfolgen ist ein Weg mit Irrungen und Wirrungen, Hindernissen und Umwegen, Fehlern und Rückschlägen, Ärger und Verzweiflung. Kein Wunder, wenn viele sagen, das brauche ich nicht, was soll ich mit all den Problemen. Lieber verzichte ich auf Erfolge, nach dem Motto: „Nähre dich redlich und bleibe bescheiden." Auch so zu denken steht natürlich jedem frei. Er sollte sich aber nicht beschweren, wenn er faszinierende Erkenntnisse, lohnenswerte Fortschritte und positive Erfahrungen verpasst, wenn ihm erfüllende Erfolge, Wohlstand, Freiheit und Lebensqualität versagt bleiben. Ein Geheimnis des Erfolges liegt darin, nicht vor seinen Problemen wegzulaufen, sondern sich ihnen zu stellen und über sie hinauszuwachsen. Wer auftretende Hindernisse als Herausforderung und Ängste als Aufforderung annimmt weiterzumachen, wird feststellen, dass Sich Hindernisse und Ängste auflösen. Denn die Angst ist ein Feigling, der wegläuft, wenn man ihm mutig entgegentritt. Wer dazu nicht bereit ist, wird über kurz oder lang von seinen Problemen beherrscht und als erfolgloser Mensch enden. Ich kann mir nicht vorstellen, dass Sie das wollen.

Wer versucht, vor seinen schwierigen Situationen wegzulaufen, wird es mit dem größten Problem von allen zu tun bekommen, er wird erfolglos, unglücklich und wahrscheinlich auch recht bald arm sein.

Die Größe einer Problemsituation wird im Wesentlichen von Ihrer inneren Größe bestimmt. Ihre Charakterstärke und Lösungsbereitschaft entscheiden, ob ein Problem als großes, kleines oder gar kein Problem angesehen wird. Wer problemorientiert ist, sieht in fast jeder Situation ein großes Problem; wer lösungsorientiert ist, nimmt jede schwierige Situation als Aufforderung. Wer erfolgreiche Lösungsmuster hat, erkennt viele Probleme gar nicht mehr als solche, höchstens noch als Vorkommnisse, die geklärt werden müssen.

Wenn Sie eine Situation in Ihrem Leben als großes Problem erkennen, steht die Erkenntnis an, dass Sie innerlich nicht groß genug sind. Da jedes Problem in Ihrer äußeren Welt nur der Ausdruck eines inneren Problems darstellt, verschwenden Sie keine Zeit damit, sich auf äußere Probleme zu konzentrieren, sondern investieren Sie die Zeit in die Entwicklung Ihrer inneren Größe.

Eine sehr hilfreiche Maßnahme, um innerlich zu wachsen, ist folgende: Stellen Sie sich in schwierigen Lebensphasen möglichst häufig vor einen Spiegel, schauen Sie sich an und rufen Sie sich zu: „Wachse ... wachse ... wachse ..." Das wird Sie aufwecken und dazu bringen, sich bewusst zu werden, worauf es ankommt. Nämlich auf Ihre innere Größe. Deshalb beschließen Sie ab jetzt sofort, innerlich zu wachsen und keinem Problem mehr zu erlauben, Ihr Glück und Ihren Erfolg zu behindern. Entscheiden Sie: *„Ich wachse und bin lösungsorientiert."*

Je größer die Probleme sind, die Sie handhaben können, desto größer werden Ihre Erfolge. Je mehr Verantwortung sie übernehmen können, desto größere Geschäfte werden Sie tätigen können. Je größer Ihre Geschäfte sind, desto mehr müssen Sie in der Lage sein zu delegieren. Je mehr Sie delegieren können, mit umso mehr Menschen müssen Sie zusammenarbeiten können. Je mehr Menschen Sie erreichen, umso größer werden Ihre Erfolge – und damit schließt sich der Kreis.

Diese Erfolgsspirale, in immer erfüllendere Erfolge zu folgen, wird Ihnen aber erst möglich sein, wenn Sie vor schwierigen Situationen nicht mehr zurückweichen, sondern sie annehmen und sich ihnen mutig stellen. Erst dann werden Sie auch für die größten Erfolge gewappnet sein und sie realisieren und genießen können. Womit auch Ihr Wohlstand und Ihre Lebensqualität stetig weiter zunehmen werden.

Um all dies Wirklichkeit werden zu lassen, müssen Sie in der Lage sein, Ihr kleines „Opfer-Selbst" zu besiegen, und genau das ist es, was Gewinner von Verlierern unterscheidet. Gewinner sind Menschen, die sich als Täter ihrer Lebensbedingungen verstehen, ihre Probleme annehmen und ihr Leben durch deren Lösung aktiv gestalten.

Erfolgsvitamin 13

Ich lege meine Hand auf mein Herz und lasse ein geistiges Bild zu dem folgenden Satz, den ich laut ausspreche, entstehen: *„Ich bin innerlich größer als alle meine Probleme und löse sie deshalb."*
Klare Entscheidung: *„Ich entscheide mich für meinen Erfolg."*
Hand auf die Stirn: *„Ich denke wie die erfolgreichsten Menschen auf unserem Planeten."*

Maßnahmen zur Verstärkung des Erfolgsvitamins 13

1. Schreiben Sie die Situationen auf, die Sie im Moment als schwierig empfinden.

2. Legen Sie jetzt jede einzelne auf Ihren geistigen Spiegel und zerschlagen Sie die Situation.

3. Jetzt finden Sie für jede Situation ein geistiges Bild, in dem Sie eine sehr gute Lösung haben. Legen Sie Ihre Hand auf Ihr Herz und sagen Sie: *„Es wird so sein!"*

4. Sagen Sie zusätzlich, mit Ihrer Hand auf Ihrem Herzen, laut zu sich selbst: *„Ich bin innerlich groß, sehr groß. Ich bin größer als jedes Problem."*

5. Lassen Sie Ihre Hand auf Ihrem Herzen und entscheiden Sie: *„Ich bin jedem Problem gewachsen."*

6. Jetzt finden Sie mindesten sieben Möglichkeiten, wie Sie Ihre Probleme durch Handeln minimieren oder lösen könnten.

7. Geben Sie Ihre Problemsituationen einzeln bewusst an unser Universum ab und bitten Sie um weitere Lösungen. Sollten innerhalb von 48 Stunden keine weiteren Lösungen in Ihrem Bewusstsein aufgetaucht sein, gehen Sie zu Punkt 8.

Ihre Bitte um eine Lösung lässt sich verstärken, wenn Sie Ihre Problemsituation in ein geistiges Lösungspäckchen packen. Verwenden Sie schönes Geschenkpapier und binden Sie ein dekoratives Band um Ihr Päckchen und geben Sie es mit der Bitte um eine Antwort an höhere Energien nach oben ab.

8. Fahren Sie mit Ihrem Finger – ohne auf das Blatt zu sehen – über Ihre Lösungsmöglichkeiten. Dort, wo Sie das Gefühl haben, Ihr Finger wird schwer und zieht auf Ihr Blatt, geben Sie der Empfindung nach. Sie werden sehen, Ihr Finger ruht auf der zurzeit bestmöglichen Lösung.

9. Setzen Sie diese Lösungen unverzüglich um und achten Sie auf das Ergebnis. Sie werden darin weitere und noch bessere Lösungsmöglichkeiten erkennen.

Bitte lesen Sie erst weiter, wenn Sie die Übungen so weit wie möglich durchlaufen haben.

Begeisterung ist es, was den Erfolgreichen antreibt; der fehlende Wille, was den Erfolglosen beherrscht.

Werbung und Erfolg

So unterschiedlich wie die Menschen, so unterschiedlich ist ihre Einstellung zur Werbung. Die einen mögen sie, die anderen lehnen sie ab, fühlen sich durch sie unter Druck gesetzt. Wer Probleme mit Verkauf und Werbung hat, trägt ein großes Hindernis mit sich herum, das seinen angestrebten Erfolgen im Wege steht. Wie können Sie erwarten, besonders erfolgreich zu sein, wenn Sie Schwierigkeiten haben, Menschen von dem, was Sie anzubieten haben, in Kenntnis zu setzen. Wie wollen Sie Erfolg haben, wenn Sie nicht in der Lage sind, Ihre Vorzüge ins rechte Licht zu rücken.

Es gibt verschiedene Gründe, warum Menschen Schwierigkeiten haben, für sich oder ihr Produkt zu werben, um sich oder ihr Produkt gewinnbringend zu vermarkten. Die einen haben schlechte Erfahrung mit Produkten gemacht, die unangemessen angeboten wurden, andere mögen sogenannten „Hard Sellern" in die Finger gefallen sein, die sie bedrängten. Es könnte auch sein, dass Sie selbst versucht haben, jemandem etwas zu verkaufen, und daraufhin abgelehnt wurden. In einem solchen Fall entspringt die Abneigung gegen Werbung und Verkauf meist der Angst, erneut kritisiert zu werden. Oder es sind Erfahrungen aus der Kindheit, in denen uns beigebracht wurde, es sei falsch, sich selbst zu loben. Manche halten sich auch für zu gut, um für sich zu werben. Werbung ist unter ihrer Würde, sie sind der Meinung, man müsste sie finden. Nun ja, wahrscheinlich warten sie auch darauf, dass der Erfolg sie findet. Ein guter Ansatz, niemals wirklich außergewöhnlich erfolgreich zu werden.

All diese möglichen Erfahrungen liegen in der Vergangenheit und haben mit der Zukunft nichts zu tun. Sich dies bewusst zu machen, ist ein wichtiger Schritt zu besonderen Erfolgen. Denn wenn

Sie nicht für sich selbst werben können, wird es auch niemand anderes tun.

Erfolgreiche Menschen sind immer bereit, ihre Vorzüge ins rechte Licht zu setzen und andere davon zu überzeugen, mit ihnen ins Geschäft zu kommen. Sie sind ausgezeichnete Verkäufer und Werber für die eigene Sache. Sie bieten ihre Dienstleistungen, Produkte, Ideen und Vorzüge mit Begeisterung an und verpacken ihre Angebote interessant und attraktiv.

Falls Sie jetzt denken, das ist aber nicht in Ordnung, denn das ist ja nur Verpackung! Okay, das stimmt, und aus diesem Grund schlage ich vor, wir verbieten den Frauen Kleidung, die ihre Attraktivität unterstützt und auch das Schminken. Und um der Gleichberechtigung willen verbieten wir uns Männern das Tragen von modischer Kleidung, Anzügen und das Benutzen von Rasierwasser, denn das ist ja auch nur Verpackung.

Machen Sie sich bewusst: Wer für sich werben kann, wird in der Regel als Führungspersönlichkeit anerkannt. Als solcher brauchen Sie Anhänger, und diese finden Sie nur, wenn Sie inspirieren und motivieren können. Das wiederum können Sie nur, wenn Sie ein guter Verkäufer sind.

Der entscheidende Punkt ist nicht, ob Sie gerne für sich und Ihr Anliegen werben, sondern ob Sie an sich glauben. Wer an sich und sein Anliegen glaubt, ist begeistert und spricht enthusiastisch und ist so ganz automatisch ein guter Werber und Verkäufer. Wer Schwierigkeiten hat, für sich zu werben, muss sich fragen lassen, ob er wirklich an das glaubt, was er anzubieten hat, ob er wirklich davon überzeugt ist, dass sein Produkt anderen Menschen Vorteile bringt?

Stellen Sie sich vor, Sie hätten ein Medikament, das Menschen vom Krebs heilen könnte, und Sie treffen jemanden, der droht, daran zu sterben. Würden Sie sich dann zurückhalten und nicht für Ihr Medikament werben, weil Sie glauben, das sei unter Ihrer Würde? Würden Sie tatsächlich warten, bis Sie gefragt würden, und wenn nicht, dem Menschen seine Chance auf Heilung vorenthalten?

Wir, das heißt KEET, haben mit unseren KEET-Success-Mind-Seminaren, den Eigendialogübungen und den bewährten Vitaminen fürs Bewusstsein ein Produkt, mit dem diejenigen, die es anwenden, außergewöhnliche Erfolge realisieren werden. Sind Sie der Meinung, wir sollten das für uns behalten? Wir nicht!

Wenn Sie etwas den Menschen zu geben haben, das ihnen hilft, gesünder, erfolgreicher, wohlhabender zu werden und die Qualität ihres Lebens zu verbessern, dann haben Sie die Pflicht, dafür zu werben und es jedem anzubieten, dem es Nutzen bringt. Dadurch helfen Sie nicht nur diesen Menschen, Sie helfen auch sich selbst, erfolgreicher und wohlhabender zu werden.

Erfolgsvitamin 14

Ich lege meine Hand auf mein Herz und lasse ein geistiges Bild zu dem folgenden Satz, den ich laut ausspreche, entstehen: „*Mit Begeisterung werbe ich für meine Qualitäten und fördere damit andere.*"
Klare Entscheidung: „*Ich entscheide mich für meinen Erfolg.*"
Hand auf die Stirn: „*Ich denke wie die erfolgreichsten Menschen auf unserem Planeten.*"

Maßnahmen zur Verstärkung des Erfolgsvitamins 14

1. Bewerten Sie auf einer Skala von 1 bis 10 (10 ist der beste Wert), inwieweit Sie an das, was Sie zurzeit tun, glauben können.

2. Erreichen Sie bei Ihrer Bewertung den Wert 7 oder liegen Sie darüber, finden Sie Wege, sich weiter zu verbessern.

3. Bewerten Sie ebenfalls auf dieser Skala, inwieweit Ihr Produkt oder Ihre Dienstleistung Ihre Kunden fördert.

4. Sofern auch bei dieser Bewertung der Wert bei 7 oder darüber liegt, überarbeiten Sie Ihr Produkt oder die Dienstleistung, um sie weiter zu verbessern.

5. Bewerten Sie auf der gleichen Skala, inwieweit Ihre heutige Aufgabe Sie erfolgreicher macht und Ihre Lebensqualität erhöht.

6. Sofern Sie bei mehr als höchstens einer der drei Bewertungen unter 6 liegen, investieren Sie keine Zeit mehr in diese Aufgabe und finden Sie ein anderes Produkt oder eine andere Dienstleistung, hinter der Sie wirklich stehen können. Eine Aufgabe, die Sie fördert und anderen Menschen nutzt.

7. Lesen Sie Fachzeitschriften und Bücher, hören Sie CDs und besuchen Sie Seminare, bis Sie zu einem Experten für Marketing und Verkauf geworden sind, der für sich und seinen Wert erfolgreich und mit absoluter Integrität werben kann.

Bitte lesen Sie erst weiter, wenn Sie die Übungen so weit wie möglich durchlaufen haben.

Der Glaube an die Angst vor Strafe hat mehr Erfolge verhindert als die Dummheit.

Annahme und Ablehnung

In unserer Gesellschaft grassiert ein Virus. Es ist der „Ich bin nichts wert"- oder „Das habe ich nicht verdient"-Virus. Angesteckt haben sich die meisten von uns in dem Umfeld, indem sie aufgewachsen sind. Dort haben sie für zehn „Nein" höchstens ein „Ja" gehört. Für zwanzig „Wie kannst du nur!" maximal ein „Das hast du gut gemacht!". Für dreißig „Wie kann man nur so dumm sein!" vielleicht ein „Du bist großartig!". Kein Wunder also, wenn das Selbstwertgefühl so vieler Menschen so gering ausgeprägt ist. In der Folge sind sie auch sehr schlechte Empfänger für das Gute und den Erfolg, der ihnen eigentlich zusteht.

Hinzu kommt, dass wir, selbst wenn die Eltern und das sonstige Umfeld außerordentlich positiv waren, mit dem Glauben an Strafe aufgewachsen sind. In unseren Genen wirkt der Glaube an einen strafenden Gott, dem nichts entgeht und der uns für all unsere Sünden in der Hölle schmoren lassen wird. Ich sage Ihnen, selbst in den aufgeklärtesten Menschen und atheistischsten Geistern wirken solche Verhaltensmuster und beeinflussen das Leben aus dem Unterbewusstsein heraus.

Wir haben in unserer Kindheit gelernt und auch erfahren, dass wir für unsere Fehler bestraft werden. Sei es von den Eltern, den Lehrern, und ganz bestimmt haben wir auch zu hören bekommen, dass wir niemals in den Himmel kommen werden, wenn wir so weitermachen.

Heute ist das natürlich alles ganz anders, denn wir sind erwachsen! – Leider nein! Die mit Strafe verbundenen oktroyierten Verhaltensmuster sind meist so tief im Bewusstsein verankert, dass wir uns für Fehler selbst bestrafen, wenn niemand da ist, der dies für uns übernehmen könnte. Früher haben wir Strafen hingenommen wie: „Du warst böse, deshalb gibt es kein Abendbrot." Heute bestrafen wir uns mit: „Weil du gesündigt hast, bleibst du arm",

„Weil du böse warst, wirst du deine Ziele nicht erreicht" oder „Weil du dumm bist, steht dir kein Erfolg zu". Sie meinen, das sei unvernünftig und unlogisch. Leider sind die in unserem Unterbewusstsein gespeicherten Denkmuster nur sehr selten logisch. Auf unbewusster Ebene sind es genau solche Gründe, warum Menschen ihren Erfolg und ihr Einkommen begrenzen. Ein kleiner Fehler und sie verdammen sich selbst, lasten sich die Bürde auf, erfolglos und arm zu sein. Kein Wunder also, wenn ein solcher Mensch Schwierigkeiten hat, Wohlstand anzunehmen, und seinen Erfolg sabotiert.

Sie meinen, das gehe zu weit! Ganz und gar nicht. Es sind die Programmierungen aus unserer Vergangenheit, bestehend aus Dramen, Unglücken und Geschichten, die wir erfahren und denen wir unsere individuelle Bedeutung beigemessen haben, weshalb sie uns heute begrenzen. Viele sind längst überholt und wir haben uns weit über sie hinaus entwickelt, trotzdem holen sie uns ein, steuern uns unbemerkt und erwecken in vielen den Eindruck, unwürdig zu sein.

Lassen Sie sich in Zukunft von derartigen Verhaltensmustern keinen solchen Unsinn mehr einreden. Wie wir schon beleuchtet haben, macht es nicht glücklich, und außerdem ist es durch solche Erfahrungsprogramme auf Dauer schwierig, erfolgreich zu bleiben. Glauben Sie sich nicht, wenn Sie den Eindruck haben, sich selbst erst beweisen zu müssen, dass Sie würdig sind, außergewöhnlich erfolgreich zu sein. Sie müssen sich gar nichts beweisen! Wichtig ist, dass Sie es nicht zulassen, dass Empfindungen wie „unwürdig", „ablehnend" oder „schuldig" Sie daran hindern, bedeutend und reich zu werden. Im Gegenteil, sie sollten Sie motivieren, außergewöhnlich erfolgreich zu werden, weil Sie damit für diese Welt ein Vorbild und damit ein Gewinn sind. Unsere Welt hat schon genug Menschen, die in ihren negativen Empfindungen verharren und damit alles andere als ein Gewinn sind.

Fragestellungen, ob Sie „unwürdig" oder „schuldig" sind und Strafe verdient haben, sind absolut neurotisch, denn auch die Antworten auf solche Fragen erhalten ihre Bedeutung erst durch den

Wert, den wir ihnen beimessen. „Wir" messen den Begriffen „unwürdig" oder „schuldig" Bedeutung bei, niemand sonst. Ich habe noch nie gehört, dass ein unwürdiges oder schuldiges Baby geboren wurde. Ich kenne nur Babys, die mit dem Ziel auf unsere Welt kommen, sich zu entwickeln und ihre Fähigkeiten zu entfalten. Sich weiterzuentwickeln schließt Fehlermachen ein, deshalb wird niemand durch einen Fehler schuldig oder unwürdig. Auch wird in unserem Universum niemand für seine Fehlwürfe bestraft! Es finden lediglich Hinweise statt, die uns die Möglichkeit geben, besser zu werden. In einem sich entwickelnden Universum wäre die Bestrafung von Fehlern kontraproduktiv und würde die Entwicklung durch Angst vor Strafe behindern. Fehler zu bestrafen ist eine Erfindung der Menschen, keine Erfindung Gottes oder des Universums.

Das Denken der Menschen ist durch den Glauben an Strafe darauf ausgerichtet, was sie alles falsch machen könnten. Können Sie sich vorstellen, dass ein Eichhörnchen über so etwas nachdenkt? Dass Verhaltensmuster es entscheiden lassen: „In diesem Jahr habe ich so viel falsch gemacht, deshalb bin ich unwürdig und verdiene Strafe. Aus dem Grund sammle ich für den Winter nicht so viele Nüsse wie sonst!" Nur der Mensch scheint „dumm" genug zu sein, sich auf eine derartige Weise zu begrenzen. Vor Jahren habe ich den Satz gehört: „Wenn ein dreißig Meter hoher Baum denken würde wie die meisten Menschen, wäre er über die Höhe von drei Metern nicht hinausgekommen!"

Ich denke, es ist an der Zeit, dass Sie bereit sind, sich zu erheben und sich dem einzigartigen Wert Ihres Lebens zu stellen. Sich selbst als das einmalige Wesen anzunehmen, das Sie sind. Sie sind absolut einmalig in diesem Universum, es gibt Sie kein zweites Mal. Wie können Sie da schuldig oder unwürdig sein.

So einfach kann es nicht sein, werden Sie vielleicht einwenden. Doch das ist es! Sie brauchen nur den Blick auf sich selbst zu ändern, und schon ändern Sie sich. Einige Leser mögen einwenden, wer bin ich denn, dass ich mich einfach in einem neuen Licht sehen kann, dafür bin ich weder qualifiziert noch würdig. Na

schön, wenn Sie meinen, ein anderer müsste Sie für ehrenhaft erklären, dann sollten wir jetzt eine ganz besondere Zeremonie abhalten. Ich schlage vor, die Herren ziehen Ihren besten Anzug an und die Damen ihr schönstes Abendkleid. Ich lasse Ihnen Zeit, sich umzuziehen.
Sind Sie umgezogen zurück?
Okay, dann knien Sie bitte nieder und neigen Sie den Kopf in Demut.
Kraft meines Amtes schlage ich Sie hiermit zum Ritter. Ich verleihe Ihnen Ehrenhaftigkeit und Würde von jetzt an bis in alle Ewigkeit.
Sie können sich jetzt erheben und damit beginnen, außergewöhnlich erfolgreich und zum Vorbild für andere zu werden.

Wer immer die Idee hatte, Geben sei seliger denn Nehmen, war wahrscheinlich sehr gut im Rechnen, sofern er auf der Nehmerseite saß. Die Wahrheit ist, für jedes Geben muss jemand annehmen und für jedes Annehmen muss ein anderer geben. Unser Universum wird immer für einen Ausgleich der Kräfte sorgen und tut es auch. Nehmen, ohne zu geben, ist auf Dauer genauso unmöglich wie geben, ohne zu nehmen. Es ist halt immer wieder nur die Frage, was wir geben. Geben wir durch unser Denken unwürdig und/oder schuld sein, so bekommen wir Misserfolge und wirtschaftliche Armut, was nicht sehr hilfreich ist für unsere Welt. In unserem Universum ist es nun einmal so, dass jeder bekommt, worauf er Bedeutung legt, es sei denn, Sie wechseln das Universum.
Stimmen Sie mir zu, dass es ein gutes Gefühl ist, etwas zu geben und zu sehen, wie der Empfänger sich freut? Stimmen Sie mir auch zu, dass es kein gutes Gefühl ist, wenn das, was wir geben, vom Empfänger abgelehnt wird?
Wenn Sie zulassen, dass Ihre Verhaltensmuster ablehnen, was das Leben Ihnen anbietet, dann betrügen Sie die Menschen, die Ihnen eine Freude machen wollen. Wer dem Leben aber Freude und Glück versagt, sollte sich nicht wundern, wenn er in Zukunft negative Energien empfängt. Wer nicht bereit ist anzunehmen,

kann auch nichts geben, und wer nichts gibt, wird nichts bekommen. Die Folge ist: Was dem Betreffenden eigentlich zustehen würde, fließt denen zu, die bereit sind, anzunehmen und weiterzugeben.

Auf einem meiner Seminare kam einmal ein Teilnehmer zu mir und fragte mich: „Wie kann ich mich über meinen Erfolg freuen, wenn andere so viel Misserfolg haben?" Er war der Überzeugung, wenn er nicht so viel Erfolg hätte, wäre er ein besserer Mensch. Meine Antwort bestand aus drei Fragen: „Was bringt es Ihnen, wenn auch Sie Misserfolg haben? Wem helfen Sie damit? Wäre es nicht besser, überaus erfolgreich zu sein und dann mit Ihrem Wohlstand und Ihren Fähigkeiten anderen Menschen zu helfen ebenfalls erfolgreicher zu werden?"

Auf Ihrem Weg zu außergewöhnlichen Erfolgen werden Sie Menschen begegnen, die der Meinung sind: „Erfolg und Wohlstand werden mich verändern" oder „Ich habe Angst, gierig zu werden und andere zu verachten". Niemand zwingt Sie dazu, so über sich und andere zu denken! Und wenn Sie andere Menschen so etwas sagen hören, halten Sie Abstand. Sollte das schwierig sein – weil sich ein solcher Mensch in Ihrem direkten Umfeld befindet –, halten Sie zumindest geistig Abstand, um sich nicht zu infizieren. Die Fähigkeit, geistig Abstand zu halten, trainieren Sie auf unseren Seminaren. Unabhängig davon, gehen Sie diesen Menschen so weit wie möglich aus dem Weg. Sie sind von einer unangenehmen und ansteckenden Eigenart befallen. Sollten Sie derartige Gedankenmuster bei sich entdecken, bedanken Sie sich bei dem Verhaltensmuster, nehmen Sie es an und sagen Sie zu sich selbst: „Löschen bitte!" Setzen Sie es auf Ihren geistigen Spiegel und zerschlagen Sie alles, was damit zusammenhängt. Anschließend nutzen Sie die Übung, um ohne Spiegel ein geistiges Bild entstehen zu lassen, in dem Sie großzügig sind, andere Menschen bewundern und ihnen nur Glück und Erfolg wünschen, und entscheiden Sie sich für die praktische Umsetzung. Dann erhöhen Sie die Dosis der Erfolgsvitamine in diesem Buch, indem Sie die Übungen immer wieder durchlaufen. Damit verstärken Sie Ihre

Erfolgsmuster und sie werden wie eine Impfung gegen derartig törichte Gedanken wirken.

Sie sollten sich bewusst machen: Wenn Sie ein gemeiner Mensch sind, kann Erfolg Sie noch gemeiner machen. Wenn Sie ein Geizkragen sind, kann Erfolg Sie noch geiziger machen. Wenn Sie jedoch dauerhaft überaus erfolgreich, glücklich und frei sein wollen, dann wird Ihnen das nur gelingen, wenn Sie großzügig sind und Ihr Erfolg Sie noch großzügiger macht. Jeder, der etwas anderes erzählt, hat mit dauerhaften und außergewöhnlichen Erfolgen, die glücklich machen, keine Erfahrung.

Ich möchte Ihnen an dieser Stelle einen Blickpunkt anbieten. Richten Sie sich für das Management Ihrer Finanzen ein „Förderkonto" ein. Zahlen Sie auf dieses Konto am besten monatlich einen festen Betrag ein. Diesen Betrag verwenden Sie nur dafür, um sich selbst zu fördern. Indem Sie sich mit diesem „Förderkonto" etwas Gutes tun, wird es Ihnen helfen, sich noch besser annehmen zu können und würdig zu fühlen. Außerdem möchte ich Sie dazu auffordern, sich jedes Mal überschwänglich zu freuen und dankbar zu sein, wenn Sie Geld auf dieses Konto einbezahlen, und natürlich auch, wenn Sie sich etwas Gutes tun. Damit dringt die Botschaft „Ich bin ein Glückskind und habe Erfolg und Wohlstand verdient" immer deutlicher zu Ihren Zellen durch. Sagen Sie es sich doch gleich einmal selbst mit Ihrer Hand auf Ihrem Herzen: *„Ich bin ein Glückskind und habe Erfolg und Wohlstand verdient."* Wie fühlen Sie sich jetzt? Fühlen Sie sich gut und lächeln Sie?

Falls nicht, nehmen Sie diesen Satz als ein weiteres Erfolgsvitamin mit auf, und wiederholen Sie diesen Satz im ersten Monat möglichst mehrmals täglich. Natürlich können Sie dies auch tun, wenn Sie sich jetzt gut fühlen und lächeln. Mit diesem Vorgehen wird ein weiteres Erfolgsmuster entstehen oder sich verstärken, das Ihnen beweisen wird, Sie sind ein Glückskind, denn Sie werden Glück, Erfolg und Wohlstand anziehen. Außerdem strahlen Sie aus: „Ich bin bereit, frei von Vorbehalten zu empfangen und zu geben", und indem Sie es tun, werden Sie frei für noch größere Erfolge.

Bitte bedenken Sie, dieses Erfolgsvitamin kann seine Wirkung nur entfalten, wenn Sie nicht nur empfangen und genießen, sondern auch abgeben können. Nur dadurch werden Sie auf Dauer weiter und viel mehr empfangen und genießen können. Um meine Aussage zu überprüfen, können Sie sich nach einem genussvollen Essen ja einmal dazu entscheiden, alles bei sich zu behalten und nicht mehr auf die Toilette zu gehen. Ich bin sicher, es wird innerhalb weniger Tage nicht mehr sehr viel Genussfähigkeit übrig bleiben.
Nehmen, ohne zu geben, erzeugt ein Vakuum, genauso wie geben, ohne zu nehmen. Unser Universum wird jedes Vakuum umgehend auszufüllen. Womit, das entscheiden Sie. Wer Hinderlichem Bedeutung beimisst, wird Misserfolge bekommen, und wer Förderlichem Bedeutung gibt, wird mit großartigen Erfolgen belohnt.
So wie ein Mensch sich in einem Lebensbereich verhält, so ähnlich verhält er sich auch in allen anderen. Oder anders ausgedrückt: Wer seinen Erfolg blockiert, sabotiert auch seinen Wohlstand, sein Glück, seine Liebe und alles, was noch im Leben schön ist.
Also kümmern Sie sich darum, von Ihrem Leben frei von Beschränkung zu bekommen, wonach es in Ihnen strebt, und wenn Sie es geliefert bekommen, nehmen Sie es an. Denken Sie aber daran „Danke" zu sagen und andere Menschen an Ihrer Freude teilhaben zu lassen.

Erfolgsvitamin 15

Ich lege meine Hand auf mein Herz und lasse ein geistiges Bild zu dem folgenden Satz, den ich laut ausspreche, entstehen: *„Ich nehme freizügig an und bin bereit, großzügig zu geben, um meine Erfolge zu vergrößern."*
Klare Entscheidung: *„Ich entscheide mich für meinen Erfolg."*
Hand auf die Stirn: *„Ich denke wie die erfolgreichsten Menschen auf unserem Planeten."*

Maßnahmen zur Verstärkung des Erfolgsvitamins 15

1. Trainieren Sie, ohne Kommentare anzunehmen, was Ihnen das Leben anbietet. *Erhalten Sie z. B. ein Kompliment, so sagen Sie einfach „Danke", nicht mehr.*

2. Wenn Sie ein Kompliment erwidern, achten Sie darauf, dass es nicht automatisch, sondern ehrlich gemeint ist und von Herzen kommt. Andernfalls nehmen Sie ein Kompliment nur unvollständig an und werten es mit Ihrem Gegenkompliment ab, was leider häufig geschieht.

3. Feiern Sie jeden Erfolg, der sich einstellt, und sei er noch so klein, mit absoluter Begeisterung.

4. Finden Sie jetzt und anschließend möglichst mehrmals in der Woche einen ungestörten Platz und rufen laut hinaus in die Welt: *„Ich bin ein Glückskind und erfolgreich! Danke, vielen Dank, vielen, vielen Dank ..."*

5. Wenn sich Ihr Wohlstand erhöht, bedanken Sie sich bei sich selbst, und rufen in unser Universum hinaus: *„Danke, vielen Dank, ich bin bereit, noch mehr entgegenzunehmen, um den Wohlstand anderer noch weiter zu erhöhen."*

6. Bedanken Sie sich auf dieselbe Weise für jede Erhöhung Ihrer Lebensqualität. Sagen Sie laut: *„Danke, vielen Dank, ich bin bereit, meine Lebensqualität stetig weiter zu erhöhen."*

7. Tun Sie sich mindestens einmal im Monat etwas Gutes. Gönnen Sie sich das mehrfach erwähnte gute Essen, legen Sie einen Wellnesstag ein und/oder lassen Sie sich massieren. Fahren Sie übers Wochenende irgendwohin oder lassen Sie sich das Frühstück ans Bett bringen. Machen Sie Dinge, die Ihnen zeigen: „Ich bin wertvoll und ich kann frei von Einschränkung annehmen."

8. Tun Sie mindestens einmal im Monat etwas Besonderes für Ihr Unternehmen. Helfen Sie einem Kollegen, springen Sie ein, wenn Sie gebraucht werden, entwickeln Sie eine Idee, loben Sie Ihre Mitarbeiter besonders, oder laden Sie einen Mitarbeiter oder Kollegen zum Essen und zu konstruktiven Gesprächen ein. Zeigen Sie, dass Ihnen Ihr Unternehmen und die Menschen darin wichtig sind, begegnen Sie ihnen mit besonderer Achtung.

Bitte lesen Sie erst weiter, wenn Sie die Übungen so weit wie möglich durchlaufen haben.

Der Erfolgreiche schaut auf seine Ergebnisse,
der Erfolglose auf seine investierte Zeit.

Erfolg schaut auf Ergebnisse

Erfolgreiche Menschen werden immer an Ergebnissen interessiert sein, und auch daran, dass sie entsprechend Ihren Ergebnissen bezahlt werden. Die weniger Erfolgreichen werden darauf bedacht sein, nach Zeit und Aufwand entlohnt zu werden. Wer sich nach Letzterem ausrichtet, beschränkt zwangsläufig sein Einkommen und damit auch seine sonstigen Aufstiegsmöglichkeiten. Denn die Verhaltensmuster, die hinter solchen Einstellungen stehen, sind in der Regel Angst und Sicherheitsstreben. Solche Denkweisen bremsen die Kreativität und den Mut, Außergewöhnliches zu wagen.

Die Ursprünge solcher Verhaltensmuster liegen meist wie so vieles in unserer Kindheit. Vielleicht haben Sie ja auch die gut gemeinten Sätze gehört: „Sei fleißig und gehorsam", „Lerne erst einmal etwas Vernünftiges", „Such dir einen krisensicheren Job", „Achte auf ein sicheres und regelmäßiges Einkommen", „Werde Beamter und du wirst keine wirtschaftlichen Sorgen haben". Ich habe Vergleichbares zuhauf gehört, aber niemand wollte mir darauf eine schriftliche Garantie ausstellen.

Natürlich können Sie sich trotzdem darauf verlassen, und vielleicht klappt es ja auch in Ihrem besonderen Fall einigermaßen, obwohl dies in einer sich so schnell verändernden Welt immer unwahrscheinlicher wird. Aber wie auch immer, eines ist sicher, wer so denkt, beschränkt nicht nur sein Einkommen, sondern auch seine Erfolge.

Immer wieder kommen wir nach ausgedehnten Reisen in stürmischen Gewässern in Häfen und haben den einen oder anderen Schaden an unserem Schiff. Ein Bootsbauer in Brasilien mit sehr gutem Ruf wurde uns empfohlen und bot uns an, für 4000 US-Dollar monatlich die Schäden zu beseitigen. Als ich fragte, was ich dafür bekommen würde, führte er auf, dass er dafür alle anstehenden Arbeiten ausführen werde. Als ich nachhakte, wie lange er dazu brauche, meinte er, drei Monate, aber ohne Garantie! Ich sagte daraufhin: „Aber dann weiß ich am Ende erstens nicht, was mich die Reparatur tatsächlich kosten wird, und zweitens, ob ich zufrieden sein werde mit dem Ergebnis." Seine Antwort lautete, mit seinem zeitlichen Einsatz wäre ich ganz sicher zufrieden. Nun wollte ich allerdings nicht mit seinem zeitlichen Einsatz zufrieden sein, sondern mit seinem Ergebnis, und natürlich hätte ich auch liebend gern gewusst, was mich die Reparatur tatsächlich kosten würde. Also bot ich ihm an: „Ich zahle Ihnen nicht, wie gefordert, 12.000 $ für drei Monate, sondern 16.000 $, und Sie stellen sicher, dass Sie rechtzeitig fertig sind und ich mit Ihrem Ergebnis zufrieden bin." Was meinen Sie, hat er mein Angebot angenommen? Nein, hat er nicht! Er ist unzufrieden abgezogen. Er wollte nicht seine Leistung, sondern seine Zeit verkaufen. Solange er seine Einstellung nicht ändert, wird er immer unzufrieden und der Meinung sein, nicht gut genug bezahlt zu werden. Zufrieden wird er erst werden können, wenn er begreift, dass man erfüllende Erfolge nur erreichen kann, wenn man sich an Ergebnissen orientiert.

Wer danach strebt, für seine Zeit bezahlt zu werden, bricht die wichtigste Regel, um außergewöhnlich erfolgreich zu werden, und die lautet: Begrenze dich niemals nach oben.

Solche Einschränkungen nach oben finden wir auch im Bereich persönlicher Dienstleistungen. Wenn Ihr Erfolg von der Beratung oder Behandlung einzelner Menschen abhängig ist, zum Beispiel bei Rechtsanwälten, Ärzten, Krankenpflegern, Masseuren oder auch bei Verkäufern in bestimmten Bereichen, so werden Sie zwar ausgezeichnete Ergebnisse erzielen können, aber trotzdem in Ihrem Verdienst auf die Anzahl der Menschen beschränkt sein, die Sie bedienen/behandeln können. Sollten Sie Ihren Wohlstand steigern wollen, müssen Sie einen Weg finden, zum einen möglichst viele Menschen von Ihrem Angebot wissen zu lassen und zum anderen sich selbst zu vervielfältigen.

Fortwährend erzählen mir Menschen, sie würden nicht ausreichend für ihre Leistung entlohnt. Die Frage ist, nach wessen Meinung Sie nicht ausreichend bezahlt werden. Ihr Chef ist ziemlich sicher der Annahme, er würde ausreichend zahlen. Immer wieder habe ich diesen Menschen empfohlen, ihren Chef zu bitten, sie teilweise oder ganz nach Leistung, also ihren Ergebnissen, zu bezahlen. Dann wären sie sicher, dass sie so viel verdienten, wie sie wert seien. Über diesen Blickpunkt überhaupt nachzudenken ist allerdings nur recht selten in Erwägung gezogen worden.

Machen Sie sich bitte bewusst, die Angst davor, nach Leistung bezahlt zu werden, ist nur eine Konditionierung aus Ihrer Vergangenheit. Nun macht es wenig Sinn, seinen Eltern die Schuld zuzuschieben, es sei denn, Sie wollen wieder die Rolle des Opfers spielen. Ihre Eltern haben es gut gemeint, sie wollten Sie schützen und wünschten sich für Sie eine sichere Existenz. Ihre Eltern haben es so gut gemacht, wie Sie konnten. Statt in die Vergangenheit zu schauen, die Sie nicht mehr ändern können, empfehle ich Ihnen: Schauen Sie nach vorn und passen Sie Ihre Verhaltensmuster an Ihre angestrebte Zukunft an. Das ist ökonomisch.

Sollten Sie nach außergewöhnlichen Erfolgen streben, für die Sie auch außergewöhnlich entlohnt werden möchten, ist dies nur zu erreichen, wenn Sie selbstständig oder zumindest teilselbstständig sind, wenn Sie viele Menschen erreichen und Ihr Einkommen an Ihre Leistung gebunden ist. Sofern Sie sich in einem Anstellungsverhältnis befinden, haben Sie wohl nur eine Chance, nämlich dann wenn die Möglichkeit besteht und Sie dazu bereit sind, ergebnisorientiert bezahlt zu werden.

Erfolgsvitamin 16

Ich lege meine Hand auf mein Herz und lasse ein geistiges Bild zu dem folgenden Satz, den ich laut ausspreche, entstehen: *„Ich entscheide mich, auf der Grundlage meiner Erfolge bezahlt zu werden."*

Klare Entscheidung: *„Ich entscheide mich für meinen Erfolg."*
Hand auf die Stirn: *„Ich denke wie die erfolgreichsten Menschen auf unserem Planeten."*

Maßnahmen zur Verstärkung des Erfolgsvitamins 16

1. Wenn Sie auf Stundenbasis bezahlt werden oder ein festes Gehalt beziehen, finden Sie eine Lösung, zumindest teilweise selbstständig und/oder aufgrund Ihrer Leistung bezahlt zu werden. Gehen Sie sofort an die Realisierung!

2. Bis wann werden Sie eine Lösung gefunden haben? Genaues Datum bitte festlegen!

   Datum ....

3. Sollten Sie eine eigene Firma haben, finden Sie eine Möglichkeit, Ihre Mitarbeiter aufgrund Ihrer Leistungen am Erfolg zu beteiligen. Entwickeln Sie einen Plan und setzen Sie ihn sofort um!

4. Bis wann werden Sie Ihren Plan umgesetzt haben? Genaues Datum bitte notieren.

   Datum ....

5. Sofern Sie bereit sind, sich selbstständig zu machen, denken Sie bei der Planung daran, sich zu vervielfältigen, also mit Ihrer neuen Aufgabe möglichst viele Menschen zu erreichen; zum

Beispiel als Trainer, der anderen Menschen hilft zu erkennen, was Sie bereits wissen.

6. Bis wann werden Sie eine Entscheidung getroffen haben? Genaues Datum bitte bestimmen.

Datum ....

Das Setzen von genauen Terminen ist für Ihre Erfolgsprogramme wichtig, damit sie wissen, bis wann sie liefern sollen. Ansonsten besteht die Gefahr, dass die Realisierung durch noch bestehende überholte Verhaltens-muster immer wieder aufgeschoben wird. Deshalb bitte genaue Termine setzen. Falls Verzögerungen eintreten, prüfen Sie die eingetretene Verbesserung, freuen Sie sich über die bis dahin erreichten Detailerfolge und setzen Sie einen neuen genauen Termin.

Bitte lesen Sie erst weiter, wenn Sie die Übungen so weit wie möglich durchlaufen haben.

Wer im Überfluss leben will, muss bereit sein,
Überfluss anzunehmen und weiterzugeben.

Entweder oder Überfluss

Wenn Sie sich heute umschauen und Ihre Lebensbedingungen beleuchten, was sehen Sie? Überfluss oder Mangel, Einschränkung oder Wohlstand? Falls Sie im Überfluss und Wohlstand leben, dann sind zumindest einige der in diesem Buch vermittelten Erfolgsvitamine schon als Erfolgsmuster in Ihrem Unterbewusstsein verankert. Sollten Sie allerdings feststellen, dass Mangel und Einschränkung oder irgendetwas dazwischen Ihre Lebensbereiche bestimmen, empfehle ich Ihnen noch einmal, sehr intensiv die Erfolgsformeln in diesem Buch einzunehmen. Jedenfalls dann, wenn Sie ihren jetzigen Zustand ändern wollen.

Solange Sie nicht im Überfluss leben, denken Sie noch in den Kategorien „entweder" und „oder". Dazu gehören Denkweisen wie: „Es muss ja für alle reichen" oder „Man kann nicht alles haben". Vielleicht haben Sie recht, man kann nicht alle Dinge dieser Welt haben, aber Sie können alles besitzen, was Sie wirklich wollen. Und genau das ist es, was die überaus Erfolgreichen von allen anderen unterscheidet. Sie denken nicht „entweder ... oder", sondern in der Kategorie: „Ich kann alles erreichen, was ich mir vornehme, und deshalb auch alles haben, was ich mir wünsche." Sie finden das anmaßend? Nun, was wollen Sie? Eine glückliche Familie oder eine steile Karriere? Wollen Sie sich nur auf Ihr Geschäft konzentrieren oder auch Freude am Leben haben? Wollen Sie eine lukrative Aufgabe oder ein bedeutendes Leben? Wollen Sie ein erfülltes Leben oder eine Arbeit, die Ihnen Spaß macht? Ich bin ziemlich sicher, in all diesen Beispielen lautet Ihre Antwort: „Beides." Wenn Sie sich also jetzt der Frage gegenübersehen: Entweder ... oder?, darf ihre Zielrichtung nur lauten: „Wie kann ich beides erreichen?" Mit der entstehenden Kreativität, die aus den Erfolgsvitaminen in diesem Buch hervorgeht, werden Sie entsprechende Antworten erhalten, die Ihr Leben verändern, und es werden sich Ihnen Chancen für Fülle und Überfluss eröffnen.

Als ich mit Mitte zwanzig aufhörte, anstelle von „entweder … oder" in der Kategorie „Du kannst beides haben" zu denken, erinnere ich mich an Aussagen wie: „Du lebst in einer Traumwelt" oder „Dienst ist Dienst und Schnaps ist Schnaps" oder „Erst die Arbeit, dann das Vergnügen" oder „Sei vernünftig, das wird schiefgehen". Ich hörte auch: „Kannst du nicht normal sein und auf dem Boden bleiben?" und „Du bist eine Traumtänzer!". Am schlimmsten erschienen mir die Aussagen wie: „Du wirst schon sehen, das Leben ist kein Zuckerschlecken!" Buh! Immer wieder musste ich mir ins Gedächtnis rufen, wenn du dich mit diesen Denkweisen infizierst, wirst du wie die, und damit war klar: keinesfalls!!
Ich ließ mich nie mehr in die Situation bringen zu glauben, mich zwischen einem Arm und einem Bein entscheiden zu müssen. Ich weiß nicht, wie es Ihnen geht, aber ich brauche beide, um glücklich zu sein.
Natürlich gab es Strecken, auch längere Durststrecken, in denen es mir nicht gelang, beides zu haben. Es ging auf und ab. Aber ich verlor mein Ziel, beides haben zu wollen, nie aus den Augen, und so stellten sich immer wieder Erfolge ein, mit denen mir beides möglich wurde.
Heute lebe ich das Privileg, anderen Menschen mein Wissen weitergeben zu dürfen und Ihnen Wege aufzeigen zu können, wie sie das erreichen, was sie anstreben.
Erfolg ist der Stoff, mit dem Sie durch Ihr Leben gleiten und der Ihnen die Freiheit gibt, Ihr Leben zu genießen. Erfolg ist der Stoff, der Sie in die Lage versetzt, anderen Menschen zu helfen, und deshalb noch erfolgreicher macht. Warum? In diesem Universum erhalten Sie, was Sie geben, und wenn Sie anderen Menschen helfen, Erfolg zu haben, werden Sie selbst erfolgreicher. Ich kann mir kein erfüllteres Leben vorstellen.
Außergewöhnlich erfolgreiche Menschen wissen, dass man für ein erfülltes Leben genauso wie Arme und Beine auch Erfolg und

Glück braucht. In diesem Zusammenhang meine ich mit „Glück" nicht sechs Richtige im Lotto, sondern wahrhaftiges „Glücklich sein".
Immer wieder lernen meine Frau und ich Menschen kennen, die zwar schon so weit sind, dass Sie sich außergewöhnliche Erfolge gönnen, aber ein Problem damit haben, den Reichtum, der damit verbunden ist, anzunehmen. Sie glauben durch ihren Wohlstand, anderen Menschen etwas wegzunehmen.
Stellen Sie sich vor, Sie kaufen von einem anderen Menschen für 1000 € eine Vase. Derjenige, der Ihnen die Vase verkauft hat, kauft sich für die 1000 € einen Kugelschreiber. Derjenige, der den Kugelschreiber verkauft hat, kauft sich mit den 1000 € einen Computer. Derjenige, der den Computer verkauft hat, kauft sich mit den 1.000 € einen neuen Bürosessel und so weiter und so weiter. Noch immer sind die 1.000 € im Umlauf und jeder hat etwas dafür bekommen.
Auch wenn diese Darstellungsweise eines Geldkreislaufes stark vereinfacht ist, so sollte Sie der eben geschilderte Umstand dazu motivieren, so erfolgreich wie möglich zu werden. Damit bringen Sie viel Geld in Umlauf, das dafür sorgt, dass viele Menschen ihren Anteil erhalten.
Gut oder schlecht hat nichts mit dem Geld zu tun, das jemand verdient. Wie ich schon schrieb, können Erfolg und Geld schlechte Menschen schlechter und gute besser machen. Großzügige Menschen kann Erfolg großzügiger und geizige geiziger machen. Diese Eigenschaften entspringen bestehenden Verhaltensmustern, die, sofern Sie es wünschen, jederzeit angepasst werden können.
Ebenso hat Großzügigkeit nichts mit Erfolg oder Einkommen zu tun. Auch das Geld auf der Bank sagt nichts darüber aus, ob es sich bei dem Besitzer um einen rein materiellen, intellektuellen, geizigen, großzügigen, wohlwollenden, liebevollen oder spiritueller Menschen handelt. Zu denken, dass materieller Wohlstand gut oder schlecht ist, entspringt Ihrem „Entweder-oder-Denken". Solchen „Programm-Spam", wo immer Sie ihn herhaben, sollten Sie dringend loswerden. Auch um am Ende Ihren Kindern nicht noch

derartigen „Erfahrungsmüll" mit auf ihren Weg zu geben, der sie dann genau wie Sie unnötig behindert.

Wenn Sie ein erfülltes Leben ohne Grenzen anstreben, dann trennen Sie sich von den Entweder-oder-Erfahrungsprogrammen und starten Sie Erfolgsmuster, die Sie in der Absicht unterstützen, beides haben zu können.

Erfolgsvitamin 17

Ich lege meine Hand auf mein Herz und lasse ein geistiges Bild zu dem folgenden Satz, den ich laut ausspreche, entstehen: *„Ich entscheide mich, beides haben zu können."*
Klare Entscheidung: *„Ich entscheide mich für meinen Erfolg."*
Hand auf die Stirn: *„Ich denke wie die erfolgreichsten Menschen auf unserem Planeten."*

Maßnahmen zur Verstärkung des Erfolgsvitamins 17

1. Trainieren Sie, bei jeder Entscheidung in der Kategorie „beides" zu denken.

2. Machen Sie sich einen Spickzettel und stecken Sie ihn gut sichtbar in die Brief- oder Handtasche, um sich immer wieder daran zu erinnern.

3. In Situationen, in denen es um entweder/oder geht, beleuchten Sie alle Möglichkeiten und entwickeln Sie die Lösungen, die Ihnen beides ermöglichen.

4. Schreiben Sie die Lösung auf und beginnen Sie umgehend mit deren Umsetzung. Wenn erste Ergebnisse Ihres Handelns Ihnen bessere Vorgehensweise zeigen, so folgen Sie diesen.

5. Treffen Sie stets die Entscheidung: *„Ich werde außergewöhnlich erfolgreich, weil ich mich damit immer weiter meinem erfüllten Leben nähere."* Legen Sie bei der Entscheidung Ihre Hand auf Ihr Herz und sehen Sie ein geistiges Bild vor sich, in dem Sie erfüllt leben.

6. Notieren Sie weitere Möglichkeiten, sich Ihrem erfüllten Leben zu nähern.

(Sollten Sie ähnliche Notizen bereits haben, schauen Sie, inwieweit Sie diese bereits optimieren können.)

7. Bis wann werden Sie diese Möglichkeiten genutzt haben? Genaues Datum bitte festlegen.

   Datum ....

8. Werden Sie großzügig – dadurch sorgen Sie dafür, dass Hunderte von Menschen in die Situation kommen, sich ebenfalls Werte schaffen zu können. Einen größeren Gefallen können Sie sich nicht tun, um Ihren Wohlstand zu mehren.

9. Bis wann werden Sie großzügig sein? Genaues Datum bitte notieren.

   Datum ....

10. Was können Sie tun, um Ihre Großzügigkeit unter Beweis zu stellen? Stellen Sie sich selbst sobald als möglich, am besten jetzt sofort, Ihre Freigiebigkeit unter Beweis.

11. Sehen Sie sich in einem geistigen Bild als Vorbild, das gleichzeitig liebend, großzügig, wohlwollend, erfolgreich und reich sein kann.

12. Entscheiden Sie sich, mit Ihrer Hand auf Ihrem Herzen, zu diesem Vorbild zu werden.

13. Was können Sie unternehmen, um zu diesem Vorbild zu werden? Beginnen Sie ohne Umschweife mit der Umsetzung.

14. Bis wann werden Sie zu diesem Vorbild geworden sein? Genaues Datum bitte angeben.

Datum ....

Bitte lesen Sie erst weiter, wenn Sie diese Übungen so weit wie möglich durchlaufen haben.

> Geld zieht an, wer damit umgehen,
> es gut investieren und intelligent ausgeben kann.

Erfolg und Vermögen

Wer in unserer Gesellschaft außergewöhnlich erfolgreich wird, kann es kaum vermeiden, auch ein außergewöhnliches Vermögen zu realisieren. Ob dies aber tatsächlich so ist, und vor allem, ob Erfolg und Vermögen bei Ihnen bleiben, hängt wieder entscheidend von Ihren bestehenden Verhaltensmustern ab.

Um zu erfahren, wie es diesbezüglich um Sie bestellt ist, brauchen Sie nur auf sich selbst zu hören. Wer sich ständig über Gehaltserhöhungen und Lebenshaltungskosten auslässt oder über Themen wie Teuerungen und ständig steigende Energiekosten grübelt, ist noch weit davon entfernt, zu den wirklich Erfolgreichen zu gehören.

Aber auch überaus erfolgreiche Menschen haben nicht selten das Problem, dass sie zwar auf Erfolg und Geldverdienen, aber auch auf das Ausgeben des Verdienten geeicht sind. Die Folge ist ein ständiger Kreislauf von realisierten Erfolgen, Geld verdienen und Geld ausgeben, bis mit neuen Erfolgen wieder Geld erwirtschaftet werden muss. Kein sehr ökonomisches Verhalten.

Erfüllende Erfolge machen glücklich, frei und unabhängig. Und so können außergewöhnliche Erfolge gleichbedeutend mit einem Millioneneinkommen sein, muss es aber nicht. Auf unserer Weltumseglung lernten wir ein Paar kennen, das eine sehr gut besuchte Tauchschule in der Türkei führte und etliche Tauchlehrer beschäftigte. Als sie besonders gut lief, verkauften sie die Tauchschule für 600.000 € und legten das Geld gewinnbringend an. Wir trafen beide in Panama, wo sie von den Zinsen sehr bescheiden auf ihrem Schiff lebten. Sicher ist das nicht für jeden eine Erfolgsgeschichte, für die beiden aber die Erfüllung ihres Traums. Sie hatten erreicht, wonach sie gestrebt hatten, sie waren frei, unabhängig und glücklich.

Wie viele Menschen gibt es, die gerne auf einem Segelschiff oder einer tropischen Insel leben würden und dies niemals erreichen, weil sie, um glücklich zu sein, einen viel luxuriöseren Lebensstil benötigen.

Nun, es ist sicher nichts umwerfend Neues zu behaupten, dass unser Lebensstil entscheidenden Einfluss auf unser Vermögen hat. Wer in einem großen Haus leben möchte, drei bis vier Autos braucht, nur den besten Champagner trinken will, wird Erfolgsmuster benötigen, die ihm die dafür erforderlichen Erfolge und Einkommen ermöglichen. Daran ist überhaupt nichts Schlechtes, solange es sie frei und glücklich macht; andernfalls ist es reine Energieverschwendung. Seien Sie sich deshalb bewusst: Je höher Ihr Anspruch, desto länger kann es dauern, bis Sie sich frei und glücklich fühlen werden.

Wenn aus Ihren Erfolgen ein Einkommen und daraus ein Vermögen werden soll, dass Sie frei, unabhängig und glücklich macht, so gibt es vier Punkte zu beachten:

1. Sorgen Sie dafür, dass Ihre Lebenshaltungskosten niedriger sind als Ihr Einkommen.
2. Bilden Sie Rücklagen.
3. Investieren Sie gezielt auf eine Werterhöhung Ihrer Rücklagen.
4. Vereinfachen Sie Ihre Investitionen, damit Sie sich nicht dauernd darum kümmern müssen.

Es ist erstaunlich, fast jeder weiß es, aber nur ganz wenige halten sich an diese Regel. Die weitaus größere Zahl ist der Meinung, der Weg zum Reichtum gehe über ein möglichst großes Einkommen. Dummerweise steigen mit dem Einkommen meist auch die Ansprüche und damit die Ausgaben. Es müssen also immer größere Erfolge realisiert werden, um die Ansprüche zu befriedigen, und trotzdem werden diese Menschen niemals wirklich vermögend und frei werden.

Es gibt auch Menschen, die bereits ein großes Vermögen erwirtschaftet haben, aber es ist gebunden im Wert von Firmen, Autos,

Jachten, Flugzeugen, Gütern, Waren, Lagerbeständen, während ihr verfügbares Vermögen äußerst gering ist. Frei und glücklich macht uns jedoch in der Regel nur unser verfügbares Vermögen, denn es zwingt uns nicht, wie etwa unser gebundenes Vermögen, nach dessen Pfeife zu tanzen, um es zu erhalten und in verfügbares Vermögen umzuwandeln.

Denken Sie immer daran: Worauf Sie sich konzentrieren, wird sich als Ergebnis zeigen. Wenn Sie sich auf Erfolge konzentrieren und gleichzeitig darauf, den realisierten Gewinn wieder auszugeben oder zu binden, dann werden Sie niemals wirklich frei und unabhängig sein. Natürlich haben Sie Ausgaben und selbstverständlich müssen Gewinne reinvestiert werden, aber achten Sie darauf, dass Sie auch verfügbares Vermögen ansammeln, das Sie wertsteigend investieren und so anlegen, dass es Sie frei und ungebunden macht. Erst in diesem Fall werden Sie Ihren Einsatz für weitere Erfolge nicht mehr erbringen müssen, sondern wollen, weil es Ihnen Freude macht und Sie erfüllt.

Erfolgsvitamin 18

Ich lege meine Hand auf mein Herz und lasse ein geistiges Bild zu dem folgenden Satz, den ich laut ausspreche, entstehen: *„Ich entscheide mich für den Aufbau meines freien Vermögens."*
Klare Entscheidung: *„Ich entscheide mich für meinen Erfolg."*
Hand auf die Stirn: *„Ich denke wie die erfolgreichsten Menschen auf unserem Planeten."*

Maßnahmen zur Verstärkung des Erfolgsvitamins 18

1. Nehmen Sie sich ein Blatt Papier und finden Sie die Höhe Ihres freien Vermögens heraus. Ziehen Sie dazu von Ihrem Gesamtvermögen Ihre Verbindlichkeiten und Ihr gebundenes Vermögen ab (Anlagen in Sparbriefen, Aktien, Fonds etc. gehören zum freien Vermögen).

2. Notieren Sie sich Aufgaben und Projekte, mit denen Sie Ihr Einkommen erhöhen können. Beginnen Sie umgehend mit der Planung.

3. Bis wann werden Sie bereit sein für die Umsetzung? Genaues Datum festlegen.

   Datum ....

4. Schreiben Sie auf, wie Sie Ihre Kosten senken und Ihre Spareinlagen erhöhen können.

5. Bis wann haben Sie das gemacht? Genaues Datum festlegen.

   Datum ....

6. Untersuchen Sie, wie Sie Ihre Investitionsgewinne verbessern können. Sprechen Sie mit Freunden und/oder Ihren Finanzberatern.

7. Bis wann haben Sie Gesprächstermine? Genaues Datum festlegen.

    Datum ....

8. Führen Sie auf einer Liste die Punkte auf, mit denen Sie Ihren Lebensstil vereinfachen und Ihre Lebenshaltungskosten senken können.

9. Bis wann werden Sie so weit sein? Genaues Datum festlegen.

    Datum ....

Bitte lesen Sie erst weiter, wenn Sie die Übungen so weit wie möglich durchlaufen haben.

Außergewöhnlich erfolgreiche Menschen sind nicht klüger als andere, sie haben nur die besseren Erfolgsmuster.

Vom guten Umgang mit wirtschaftlichen Erfolgen

Tatsächlich sind wirtschaftlich erfolgreiche Menschen nicht unbedingt klüger als andere. Sie haben nur unterschiedliche Erfolgsmuster. Wobei es mindestens so anstrengend ist zu versagen, wie Erfolg zu haben. Für beides sind ein entsprechender Energieaufwand und Einsatz notwendig.
Ich weiß nicht, wie es Ihnen ergangen ist, aber ich habe weder in der Schule noch sonst irgendwo einen Kurs belegen können, in dem mir beigebracht wurde, wie ich meine verborgenen Potenziale und Fähigkeiten zum Realisieren meiner angestrebten Erfolge hätte erschließen können. Seminare, in denen von der großartigen Wechselwirkung zwischen Bewusstsein und Unterbewusstsein die Rede gewesen wäre, existierten erst recht nicht. Es gab zwar, genau wie heute, jede Menge Angebote, in denen viel über bereits vorhandene Ergebnisse vermittelt wurde, und auch vorgefertigte Konzepte, wie diese weiter zu verbessern seien. Solche Konzepte passen in der Regel, wie bereits erwähnt, für den Anbieter dieser Vorgehensweisen, aber mich hätten sie höchstens zu einer Kopie des Anbieters gemacht. Sofern sie nicht schon vorher von meinen Verhaltensmustern unterlaufen worden wären.
Wer dauerhaft erfolgreicher werden will, kommt an der Anpassung seiner Verhaltensmuster und dem Etablieren neuer Erfolgsmuster nicht vorbei. Viele schieben diese Notwendigkeit vor sich her. Sie sind der Meinung: „wenn ich erst einmal erste Erfolge realisiert habe, wird sich auch die Zeit finden, mich darum zu kümmern. Eine genauso verzerrte Vorstellung haben diese Menschen in Bezug auf ihr Vermögen. Sie sagen sich: „Wenn ich erst einmal genug Geld verdiene, kümmere ich mich ums Sparen und Verwalten." Wer so etwas sagt, behauptet wahrscheinlich auch, ich werde mit einer Diät beginnen, wenn ich die ersten 10 Kilogramm

abgenommen habe. Wer so denkt, wird weder abnehmen noch jemals wirklich erfolgreich und wohlhabend werden. Denn nur umgedreht wird ein Schuh daraus.

Stellen Sie sich vor, Sie gehen mit Ihrem kleinen Sohn in einen Spielwarenladen und kaufen Ihm eine Spielzeuglokomotive. Als Sie wieder auf die Straße kommen, stolpert er und die Lok fällt herunter und verschwindet durch einen Gully in die Kanalisation unter der Straße. Erschreckt und enttäuscht beginnt Ihr Sohn zu weinen und Sie denken: Das kann ja passieren, und großzügig, wie Sie sind, gehen Sie zurück in den Spielzeugladen, um Ihrem Sohn eine neue Lok zu kaufen. Da sieht er plötzlich einen ganzen Zug und will nun lieber diesen haben. Ich könnte mir gut vorstellen, dass Sie denken: Nun, jetzt hat er so ein Pech gehabt, also warum sollte er nicht gleich einen ganzen Zug haben! – Stopp, einen Moment bitte! Ihr Sohn konnte schon mit einer einzelnen Lok nicht richtig umgehen, was wird erst mit dem ganzen Zug geschehen? Sollte er nicht erst zeigen, dass er mit einer Spielzeuglokomotive umgehen kann, bevor er einen ganzen Zug bekommt?

Die Spielregeln unseres großen liebevollen Universums sind sehr ähnlich. Sie werden von diesem Universum alles bekommen, was Sie anstreben, aber erst wenn Sie gezeigt haben, dass Sie mit dem umgehen können, was Sie bereits erhalten haben. Das gilt für alle Bereiche des Lebens und damit auch für Ihren Erfolg und Wohlstand.

Um unserem Universum zu zeigen, dass Sie mit dem umgehen können, was Sie bereits bekommen haben, möchte ich Ihnen einen einfachen, aber erstaunlich wirksamen Blickpunkt anbieten. Eröffnen Sie ein „Investitionskonto" und zahlen Sie auf dieses Konto 10 Prozent Ihres Nettoeinkommens ein. Dieses Konto verwenden Sie nur, um das darauf befindliche Geld anzulegen und um damit passiv mehr Geld zu verdienen. Falls Sie jetzt fragen sollten, wann Sie dieses Geld denn ausgeben können, dann sage ich Ihnen: „Bitte treffen Sie jetzt eine klare Entscheidung, die da lautet: niemals." Die Gelder auf diesem Konto investieren Sie nur immer und immer wieder, damit sie sich vermehren.

Wenn Sie sich einmal zur Ruhe gesetzt haben, dann können Sie die Erträge aus diesem Konto ausgeben, aber niemals das Kapital selbst.

Falls Sie jetzt denken: Meine Erfolge ermöglichen mir gerade ein Einkommen, von dem ich wirklich nichts entbehren kann. Ich habe einfach nichts übrig, um es auf ein Extrakonto einzuzahlen. Kann es sein, dass Sie vielleicht doch einen 1 € pro Monat übrig haben? Falls ja, eröffnen Sie ein Konto und zahlen Sie dort von diesem Euro 0,10 € ein. Und wenn Sie im nächsten Monat 2 € übrig haben, zahlen Sie 0,20 € ein. Ich bin sicher, aus 2 € werden 4, 8, 16, 32, 64, 128, 256 € werden usw.

Auch wenn es „Investitionskonto" heißt, so geht es bei diesem Konto nicht um den Wert, den Sie einbezahlen, sondern um das Prinzip. Sie zeigen damit unserem Universum und sich selbst, dass Sie mit dem, was Sie haben, umgehen können. Dieses Beispiel beruht auf einer wahren Begebenheit. Robert hat sich genau auf diese Weise aus einer Situation befreit, in der er glaubte, Konkurs anmelden zu müssen. Die Energien, die er durch dieses Vorgehen freisetzte, etablierten Erfolgsmuster in seinem Bewusstsein, die ihn wirtschaftlich erfolgreich und zehn Jahre später wohlhabend und frei machten.

Es kommt wie gesagt nicht darauf an, welche Größenordnung Ihnen heute zum Investieren zur Verfügung steht, sondern auf das Prinzip, das dahintersteht. Sie werden überrascht sein, wie schnell auch bei Ihnen, durch Führen eines Investitionskontos, die Erfolge zunehmen und Sie mehr bekommen.

Als ich vor vielen Jahren in einer Situation war, in der es mir alles andere als gut ging, beschloss ich, nicht nur ein solches Investitionskonto zu eröffnen, ich schaffte mir auch eine Sparbüchse an. Wann immer ich ein damals noch 5-DM-Stück als Wechselgeld herausbekam, warf ich es in diese Sparbüchse. Es geht hier wieder nicht um den Betrag, sondern um die Gewohnheit. Mit Sparbüchse und Investitionskonto wollte ich mehr Dynamik in die Erreichung meines Ziels bringen, wieder wirtschaftlich unabhängig zu werden. Gleiches zieht Gleiches an, und so zieht die Gewohnheit, Geld zu sparen, mehr Geld an und damit die Ideen, wie Sie mehr Geld zum Sparen verdienen können.

Damit aber nicht genug, ich richtete ein weiteres Konto ein und nannte es mein „Freudenkonto". Auch auf dieses Konnte begann ich, 10 Prozent von meinem Nettoeinkommen einzubezahlen. Ich beschloss, dieses Geld nur für mich auszugeben, und zwar für Dinge, die mir Freude machen würden. Wahrscheinlich haben Sie, um wirtschaftlich erfolgreicher zu werden, alle bisherigen Blickpunkte schon mehrfach auf die eine oder andere Art gehört. Das Einrichten eines „Freudenkontos" nur zum Geldausgeben mag neu sein. Es ist aber genauso wichtig wie ein Konto für die laufenden Kosten. Denn wir Menschen sind nun einmal ebenso dualistisch wie unser Universum. Wer auf der einen Seite für seinen wirtschaftlichen Erfolg verzichtet, muss sich auf der anderen Seite für seinen wirtschaftlichen Erfolg auch Ausgaben gönnen, die Freude machen. Denn wer nur verzichtet, ohne sich zu belohnen, läuft Gefahr, von seiner Seite, die Anerkennung für das Geleistete fordert, unterlaufen zu werden. Auch unsere freudvolle Ausgabenseite braucht von Zeit zu Zeit Aufmerksamkeit. Achten Sie darauf, dass Sie dieses Freudenkonto nur in dem vorgegebenen Rahmen von etwa 10 Prozent Ihres Nettoeinkommens führen und sich auf den Wert beschränken, der sich auf dem Konto befindet, um sich Gutes zu tun. Achten Sie außerdem darauf, dass Sie dieses Geld nur für Dinge außerhalb Ihrer Norm, also für Extravagantes, ausgeben. Gehen Sie, wie schon mehrfach vorgeschlagen, sehr teuer essen, oder lassen Sie sich mit allem Drum und Dran verwöhnen. Mit diesen symbolischen Handlungen verstärken Sie all die Erfolgsstrukturen in Ihrem Bewusstsein, die es Ihnen morgen ermöglichen werden, sich dies alles leisten zu können, ohne erst sparen zu müssen. Außerdem wird durch ein „Freudenkonto" das Sparen und Investieren viel angenehmer.

Ich möchte an dieser Stelle mit einem weitverbreiteten Missverständnis aufräumen. Viele Menschen glauben, große Erfolge erzielen und viel Geld verdienen zu müssen, um reich zu sein. Das hängt wie erwähnt ausschließlich von ihrem Anspruch an ihr Leben ab. Sie können auch mit einem kleinen Einkommen frei werden, wenn sie die hier aufgeführten Grundsätze anwenden. Denken Sie an das befreundete Paar in Panama. Wer diese Grundsätze nicht berücksichtigt, wird auch mit den größten Erfolgen und dem großartigsten Einkommen nicht unabhängig werden. Wenn Sie frei und glücklich sein wollen, geht es nicht um Ihr Einkommen an sich, sondern darum, wie Sie damit umgehen.

Die Umstellung auf die Anwendung dieser Grundsätze mag am Anfang lästig und manchmal schwierig sein, aber es ist wie mit dem Joggen. Am Anfang tut alles weh und man muss sich zum Weitermachen zwingen. Wer durchhält, bei dem beginnt sein Körper Endorphine auszuschütten, und das Joggen wird nicht nur zur Freude, sondern führt zur regelrechten Euphorie. Genauso ist es mit den wirtschaftlichen Erfolgen. Das Einhalten der hier geschilderten Grundsätze mag am Anfang als einschneidend und unangenehm empfunden werden, aber nach einer Zeit kommen Erfolge, und plötzlich macht es einen riesigen Spaß, immer freier und glücklicher zu werden.

Es ist eigentlich ganz einfach: Entweder Sie kontrollieren Ihren wirtschaftlichen Erfolg oder er kontrolliert Sie und lässt Sie nach seiner Pfeife tanzen. Für denjenigen, der nach der Pfeife seines wirtschaftlichen Erfolges tanzt, wird das Leben im besten Fall zu einem langen vergoldeten Sterben.

Wenn Sie jedoch lernen, Ihren wirtschaftlichen Erfolg auf Unabhängigkeit auszurichten, strahlt dies auch auf andere Lebensbereiche aus und bringt Ihnen Freiheit und Glück.

Erfolgsvitamin 19

Ich lege meine Hand auf mein Herz und lasse ein geistiges Bild zu dem folgenden Satz, den ich laut ausspreche, entstehen: *„Ab jetzt bin ich ein großartiger Manager meines wirtschaftlichen Erfolges."*
Klare Entscheidung: *„Ich entscheide mich für meinen Erfolg."*
Hand auf die Stirn: *„Ich denke wie die erfolgreichsten Menschen auf unserem Planeten."*

Maßnahmen zur Verstärkung des Erfolgsvitamins 19

1. Eröffnen Sie ein Extrakonto für Ihre Freiheit und ihr Glück. Zahlen Sie 10 Prozent Ihres monatlichen Nettoeinkommens auf dieses Investitionskonto ein.

2. Entscheiden Sie sich jetzt sofort: „Den Betrag auf meinem Investitionskonto werde ich nur dazu verwenden, mir ein Einkommen für meinen Ruhestand zu sichern."

3. Bis wann werden Sie Ihr Investitionskonto angelegt haben? Genaues Datum festlegen.

   Datum ....

4. Stellen Sie ein Sparschwein in Ihrer Wohnung auf und werfen Sie jeden Tag eine oder mehrere Münzen hinein. Der Wert spielt keine Rolle.

5. Bis wann werden Sie Ihr Sparschwein aufgestellt haben? Genaues Datum notieren.

   Datum ....

6. Jedes Mal, wenn Sie eine Münze einwerfen, legen Sie Ihre Hand an Ihr Herz und sagen: *„Ich arbeite an meinem wirtschaftlichen Erfolg und an meiner finanziellen Freiheit."* Durch diese Entscheidung verstärken Sie Ihre Aufmerksamkeit für Ihren wirtschaftlichen Erfolg. Sie wissen doch: Worauf Sie Ihre Aufmerksamkeit richten, da zeigen sich Ergebnisse.

7. Eröffnen Sie ein Freudenkonto, oder setzen Sie eine weitere Sparbüchse ein, in die Sie ebenfalls monatlich 10 Prozent Ihres Nettoeinkommens einzahlen. Die sich ansammelnden Beträge geben Sie nur für sich aus. Erfüllen Sie sich damit ausschließlich extravagante Wünsche.

8. Bis wann werden Sie Ihr Freudenkonto angelegt haben? Genaues Datum festlegen.

    Datum ....

9. Wenn Sie so weit sind, dass Ihnen Ihre Erfolge mehr Luft lassen, dann richten Sie weiter drei Konten ein.
10. Zehn Prozent für Weiterbildung, zehn Prozent für Spenden und zwanzig Prozent für notwendige Sonderausgaben.

11. Bis wann werden Sie diese Konten angelegt haben?

    Weiterbildungskonto,   Datum ....

    Spendenkonto,   Datum ....

    Sonderausgaben,   Datum ....

12. Fangen Sie jetzt an! Egal wie Ihre finanzielle Situation im Moment ist, warten Sie keinen Tag länger, denn jeder Tag, den Sie warten, verschiebt den Zeitpunkt Ihrer finanziellen Freiheit

weiter in die Zukunft. Deshalb handeln Sie sofort, richten Sie Ihre Konten ein und führen Sie sie, denn damit teilen Sie sich und dem Universum mit, dass Sie bereit sind, Ihren Erfolg finanziell zu managen und nicht nur eine Lok, sondern einen ganzen Zug und viel mehr zu empfangen.

Bitte lesen Sie erst weiter, wenn Sie die Maßnahmen durchlaufen haben.

Die Leute, die niemals Zeit haben, mögen erfolgreich sein, aber sie sind nicht intelligent erfolgreich,
denn dann hätten sie Zeit.

Intelligente Erfolge, die für Sie arbeiten!

Die meisten von uns sind wahrscheinlich mit der Konditionierung aufgewachsen: „Für seinen Erfolg muss man hart arbeiten." Dass der Erfolg aber auch für uns arbeiten kann, diese Denk- und Verhaltensmuster sind weit seltener im Menschen verankert.
Natürlich müssen Sie bereit sein, für Ihre außergewöhnlichen Erfolge den vollen Einsatz zu bringen, und das bedeutet, hart zu arbeiten, aber hartes Arbeiten alleine wird Sie nicht erfolgreich, glücklich und frei machen. Sie brauchen sich nur umzusehen, und Sie werden zustimmen müssen, Millionen von Menschen arbeiten hart, ohne jemals erfolgreich, wohlhabend, unabhängig und glücklich zu werden. Woran liegt das? Es ist eigentlich ganz einfach. Sie sind innerlich nicht glücklich, frei und wohlhabend, und so werden Sie keine erfüllenden Erfolge realisieren können.
Auf der anderen Seite sieht man Menschen, die Nachmittage auf dem Tennisplatz, dem Golfkurs oder auf ihrer Segeljacht verbringen. Sie verbringen Tage mit Einkaufen und machen ausreichend Urlaub an den schönsten Plätzen unserer Erde. Sehen wir einmal von der Erbengesellschaft ab, stellt sich die Frage, was sind das für Menschen? Es sind die wirklich Erfolgreichen, die Ihr Erfolg frei, unabhängig und glücklich gemacht hat.
Was stimmt denn nun? Muss man für seinen Erfolg hart arbeiten oder nicht? Tatsächlich kommt es nicht darauf an, ob Sie hart, sondern ob Sie intelligent arbeiten, und intelligentes Arbeiten setzt intelligente Erfolgsmuster voraus.
Für Menschen, die intelligent arbeiten, ist harte Arbeit eine vorübergehende Situation. Danach beteiligen sie andere an ihrem Erfolg und ermöglichen es ihnen, ebenfalls erfolgreich zu werden,

und/oder lassen ihr Vermögen für sich arbeiten. Erfolg setzt einen Energieaufwand voraus, hart arbeitende Menschen lassen sich deshalb ihren Einsatz in Form von Geld auszahlen. Auch intelligent arbeitende Menschen haben so begonnen, dann jedoch haben sie gelernt, sich ihren Einsatz auch in Form von Mitarbeitern, guten Geschäftsideen und renditeträchtigen Kapitalanlagen entlohnen zu lassen.

Um Ihre Erfolgsmuster auf intelligentes Arbeiten auszurichten, müssen Sie sich darüber klar werden, was Sie wirklich wollen. Viel zu viele Menschen haben keine klaren Ziele, jedenfalls keine klaren Ziele für Erfolge, die sie unabhängig, frei und glücklich machen.

In den sich an dieses Kapitel anschließenden Maßnahmen für intelligente Erfolge werde ich Ihnen anbieten, sich Gedanken darüber zu machen, wie Sie Erfolge realisieren können, die Sie frei und glücklich machen. Dazu gehört ein Einkommen, mit dem Sie einen unabhängigen Lebensstil realisieren können – und darüber hinaus sogar noch etwas übrig behalten.

Erforderlich dazu ist: Lassen Sie Ihre Geschäfte und Firmen für Sie arbeiten und erwirtschaften Sie auf der anderen Seite Erträge aus Geldern, die Sie angelegt haben. Nicht sehr revolutionär, ich weiß, aber warum sind es dann so wenige, die das erreichen, wenn es doch so bekannt ist? Wie immer sind es die nicht auf einen derartigen Erfolg ausgerichteten Konditionierungen, die dies verhindern. Wahre Unternehmer arbeiten nicht „im", sondern „am" Unternehmen. Wenn Sie die Erfolgsformeln in diesem Buch anwenden und die angebotenen Übungen regelmäßig durchführen, werden Sie Erfolgsmuster in Ihrem Bewusstsein starten, die Ihnen genau das und zusätzlich ein unabhängiges Leben in Freiheit und Glück ermöglichen.

Lassen Sie uns an dieser Stelle noch kurz auf weitverbreitete Konditionierungen in Bezug auf intelligente Erfolge eingehen. Intelligente Erfolge sind nichts anderes als Erfolge, die für Sie arbeiten und Ihnen Freiheit und Unabhängigkeit ermöglichen.

Wahrscheinlich haben Sie ab einem Alter von dreizehn Jahren gehört: „Wenn du mehr Geld für die Ferien haben willst, gehe raus und sorge für einen intelligenten Erfolg, der dir Geld bringt und bei dem du nicht hart, sondern intelligent arbeitest." Wohl eher kaum! Ich jedenfalls habe gehört: „Wenn du in die Ferien willst, verdiene dir gefälligst etwas dazu, und außerdem lernst du dabei das wahre Leben kennen." Durch solche Sätze lernte ich, dass ich Geld nur für meinen harten Einsatz bekomme. Dass ich Einkommen mit intelligenten Erfolgen erzielen kann, wurde mir nicht vermittelt. Lange Jahre erschienen mir Erfolge ohne harten Einsatz suspekt, unseriös und eigentlich ungehörig. Erst sehr spät erkannte ich, dass intelligentes Arbeiten, das mir intelligente Erfolge ermöglichte, nicht nur für mich vorteilhaft ist, sondern für alle, die mit mir daran beteiligt sind. Sie können sich sicher vorstellen, wie dankbar ich meinem „Du musst für deinen Erfolg hart arbeiten"-Erfahrungsprogramm war, als es sich zeigte und mir damit die Möglichkeit gab, es durch Anpassung zu optimieren.

Solange Menschen der Meinung sind, dass sie Erfolge ohne harte Arbeit nicht verdienen und ihnen derartige Erfolge nicht zustehen; na großartig! Kein Wunder, wenn die Betreffenden recht bekommen. Und dass sie recht behalten, sehen Sie an dem Heer der Millionen hart arbeitenden und nie unabhängig und frei werdenden Menschen.

Wer dabei ist, sich einen Beruf auszusuchen, oder bereit ist, sich umzuorientieren, der möge darauf achten, eine Aufgabe zu wählen, die intelligente Erfolge erleichtert. Entscheiden Sie sich, Chancen zu nutzen, die es Ihnen schon am Anfang ermöglichen, in Ihre Freiheit und Unabhängigkeit zu investieren. Darauf zu achten ist besonders wichtig in unserer heutigen Zeit, in der immer mehr Menschen im Dienstleistungssektor tätig sind. Wenn Ihre angestrebten Erfolge Ihre persönliche Anwesenheit erfordern, sitzen Sie recht schnell in der Patsche. Das Rad, das Sie zu drehen begonnen haben, will in Schwung gehalten werden, bis es am Ende Sie dreht.

Wenn Sie Freiheit und Unabhängigkeit anstreben, machen Sie sich möglichst bald überflüssig. Schaffen Sie Nachfolgeregelungen, die Ihnen Freiräume geben, sich um die Ihnen wichtigen Dinge im Leben zu kümmern. Auf diese Weise schaffen Sie sich die besten Bedingungen für beide Welten. Arbeitseinkommen für den Start und passives Einkommen später. Diese Fähigkeit braucht Erfolgsvitamine in Form von Erfolgsmustern, die es Ihnen erlauben, loszulassen und abzugeben. Leider sind diese Erfolgssmuster nicht allzu weit verbreitet. Eher schon: „Wenn ich nicht alles selbst mache, funktioniert es nicht" oder „Ich muss kontrollieren, damit nichts schiefgeht". Solche und ähnliche Verhaltensmuster, die wir im Laufe unseres Lebens als Konditionierungen übernommen haben, verhindern wirksam, dass Sie frei und unabhängig werden.

Ein weiterer Punkt ist für die Ausrichtung auf intelligente Erfolge äußerst wichtig. Denken Sie langfristig! Menschen, die ihren Erfolgen hinterherlaufen, denken oft zu kurzfristig. Ihnen geht es um die möglichst umgehende Befriedigung ihrer Wünsche. Solche Menschen sagen oft: „Ich muss heute überleben, da kann ich mich nicht um das Morgen kümmern." Das Dumme ist nur, das Morgen wird zum Heute, und wer sich heute nicht um sein Morgen kümmert, wird morgen immer wieder das erleben, was er heute schon hat. Und wenn das Heute nicht befriedigt, dann ist ein solches Verhalten nicht wirklich intelligent.

Kurzfristige Entscheidungen zur Befriedigung der gerade empfundenen Bedürfnisse haben nur sehr selten etwas mit dem Gegenstand zu tun, der erworben wird, als vielmehr mit dem Versuch, die gerade bestehenden emotionalen Empfindungen, wie zum Beispiel „Unzufriedenheit", zu betäuben. Natürlich kann ein exzessiver Kaufrausch auch auf Verhaltensmuster zurückzuführen sein, die dem Betreffenden vorgaukeln, nur so Erfüllung finden zu können.

Der Vater meiner Frau ist ein ultimativer Schnäppchenjäger. Er ist immer bemüht, keinen Cent zu viel auszugeben, wenn es sich vermeiden lässt. Viele Jahre dachte meine Frau, sie würde in einer Familie leben, die ständig ums Überleben kämpfte. Bis sie eines Tages mitbekam, dass ihr Vater in leitender Stellung in einem großen Unternehmen sehr gut verdiente. Auf eine Weise faszinierte sie diese Sparsamkeit, und so wurde auch sie sehr sparsam, immer auf Sonderangebote schauend. Gleichzeitig hatte sie große Schwierigkeiten, Geschenke anzunehmen. Sie konnte mit dem vermeintlich überflüssig ausgegebenen Geld nicht umgehen, denn innerlich kämpfte sie nach wie vor ums Überleben. Geschenke waren ein Luxus, den sie nicht annehmen konnte, ohne sich schlecht zu fühlen.

Auf ihrem ersten KEET-Success-Mind-Basic-Seminar erkannte sie die übernommenen Konditionierungen und richtete sich neu aus. Heute ist sie noch immer von Sonderangeboten begeistert, aber während sie früher oft unnütze Sonderangebote erstand – denn sie kämpfte ja ums Überleben –, kauft sie heute intelligente Sonderangebote und spart damit wirklich. Zusätzlich ist sie zu einem intelligenten und damit guten Empfänger geworden, der Glück und Erfolg – wie im Kapitel „Annahme und Ablehnung" beschrieben – ohne Vorbehalte annehmen kann!

Sie erinnern sich vielleicht an den Beginn dieses Buches, als ich schrieb, dass wir in unserer Kindheit nicht nur Verhaltensmuster übernehmen, sondern oft auch die gegenteiligen Verhaltensgewohnheiten entwickeln. Eines unserer Seminare besuchte Monika. Sie hatte ähnliche Eltern wie meine Frau und entwickelte geradezu einen Hass auf deren ausgeprägte Sparsamkeit. Was immer sie auch verdiente, es war kurze Zeit später ausgegeben und meist noch etliches mehr. Sie wollte sich und der Welt beweisen, wie großzügig sie sei, und das bedeutete für sie, alles sofort wieder auszugeben, was sie verdiente. Innerhalb weniger Jahre hatte sie es geschafft, völlig überschuldet und pleite zu sein.

Auf ihrem KEET-Success-Mind-Basic-Seminar erkannte sie ihr Verhaltensmuster: „Sparsamkeit ist peinlich." Und genau das war es, was sie so an ihren Eltern hasste, sie hatte sich immer für deren Knauserigkeit geschämt.

Heute ist sie immer noch großzügig, aber im Rahmen ihrer Möglichkeiten. Sie ist in der Zwischenzeit außerdem intelligent erfolgreich geworden und hat nicht nur ihre Schulden zurückbezahlt, sondern zusätzlich einen ansehnlichen Wohlstand erwirtschaftet. Als ich sie das letzte Mal sprach, erzählte sie mir, dass sie in wenigen Jahren ihre völlige finanzielle Freiheit erreicht haben würde.

Wenn sie sich die heute besonders erfolgreichen Menschen ansehen, werden sie feststellen, dass sie intelligent, das heißt im Rahmen ihrer Möglichkeiten, mehr als großzügig sind, während Erfolglose meist mehr ausgeben, als sie einnehmen. Erfolglose Menschen arbeiten, damit sie heute leben können, und erfolgreiche tun dies, um für ihre freie und unabhängige Zukunft zu investieren. Intelligent erfolgreiche Menschen sehen jeden Euro, den sie verdienen, als ein Samenkorn an, das gepflanzt werden sollte. Natürlich ernähren uns auch Samenkörner, aber wer sie alle aufisst und vergisst zu pflanzen, wird bald nichts mehr zu essen haben.

Um dieses Kapitel auf einen kurzen Nenner zu bringen: Wer Verhaltensmuster mit sich herumträgt, die ihn hart für seinen Erfolg arbeiten lassen, wird immer hart für seinen Wohlstand arbeiten müssen und nie frei werden. Wer seine Programmierungen jedoch anpasst und zusätzlich intelligente Erfolgsmuster startet, wird sich voller Freude für seinen angestrebten Erfolg mit jeder Faser seines Körpers und Geistes einsetzen und damit intelligente Erfolge realisieren, die in Zukunft für ihn arbeiten.

Erfolgsvitamin 20

Ich lege meine Hand auf mein Herz und lasse ein geistiges Bild zu dem folgenden Satz, den ich laut ausspreche, entstehen: *„Mein Erfolg arbeitet für mich und macht mich frei, unabhängig und glücklich."*
Klare Entscheidung: *„Ich entscheide mich für meinen Erfolg."*
Hand auf die Stirn: *„Ich denke wie die erfolgreichsten Menschen auf unserem Planeten."*

Maßnahmen zur Verstärkung des Erfolgsvitamins 20

1. Formulieren Sie ein Ziel/einen Erfolg/eine Aufgabe, mit der Sie frei, unabhängig und glücklich werden können. Finden Sie einen Bereich, in dem Sie „der" Experte werden wollen, und investieren Sie in diesem Bereich.

2. Bis wann haben Sie diese Aufgabe gefunden? Genaues Datum festlegen.

    Datum ....

3. Entwickeln Sie Konzepte und Vorgehensweisen, wie sie dies in die Tat umsetzen können.

4. Bis wann wird dieses Konzept stehen? Genaues Datum festlegen.

    Datum ....

5. Entwickeln Sie Konzepte und Vorgehensweisen, die es Ihnen ermöglichen, loszulassen und zu delegieren.

6. Bis wann werden Sie so weit sein? Genaues Datum festlegen.

   Datum ....

7. Besuchen Sie Seminare, in denen Sie mehr darüber erfahren, wie Sie Ihre Verhaltensmuster spielerisch anpassen und neue Erfolgsmuster starten.

8. Lesen Sie Bücher und Zeitschriften über Kapitalanlagen und Investitionen.

9. Lesen Sie weitere Biografien über besonders erfolgreiche Menschen, die Sie bewundern.

10. Bis wann werden Sie so weit sein, dass Ihre intelligenten Erfolge für Sie arbeiten und Sie frei, unabhängig und glücklich sind?

    Datum ....

Bitte lesen Sie erst weiter, wenn Sie die Übungen so weit wie möglich durchlaufen haben.

Der Erfolgreiche besiegt seine Angst,
der Erfolglose lässt sich von seiner Angst besiegen.

Erfolg bedeutet, seine Angst besiegt zu haben!

Auf Ihrem Weg zu intelligenten Erfolgen werden Sie es mit einem vermeintlich mächtigen Gegner zu tun bekommen: der Furcht. Adenauer sagte: „Das Einzige, was wir wirklich fürchten müssen, ist die Angst vor der Angst."
Wie ich bereits schrieb, wird, wer seiner Furcht mutig entgegentritt, feststellen, sie ist ein Feigling, der davonläuft, wenn man ihr nur ein wenig die Stirn bietet.
Ohne diesen Mut werden Sie wie die Mehrzahl der Menschen enden, die zwar nach Erfolgen streben, aber gleichzeitig aus Angst, es könnte etwas schiefgehen, nie wirklich beginnen. Stattdessen warten sie auf den richtigen Moment und/oder formulieren Mantras, Affirmationen, visualisieren ihre Erfolge, meditieren, lesen Bücher und besuchen ein Seminar nach dem anderen.
Solange ich mich erinnern kann, ist mir nie ein angestrebter Erfolg nachmittags, meditierend auf der Couch liegend, in den Schoß gefallen. Ich jedenfalls durfte mich immer für das Erreichen meiner angestrebten Ziele einsetzen und handeln. Und ich befürchte, ich bin nicht die Ausnahme, sondern eher die Regel. In unserem Universum ist es nun einmal so, dass der Idee die Tat, der Tat die Erfahrung, der Erfahrung die Gewohnheit und der Gewohnheit das Schicksal folgt. Unseren Ideen folgen die Empfindungen, diese führen zu Handlungen und den Handlungen folgen die Ergebnisse.
Haben Sie schon verinnerlicht, warum Sie keine Chance haben, ein Leben in Freiheit und Unabhängigkeit zu führen, wenn in Ihnen Verhaltensmuster wirken, die Ihnen Angst vor dem Handeln einsuggerieren? Meditationen, Affirmationen und geistige Bilder sind sehr gute Werkzeuge, die Ihnen helfen, zusätzliche Energien zu aktivieren, die Sie beim Realisieren Ihrer Ziele unterstützen. Wenn Sie jedoch Konditionierungen in Ihrem Bewusstsein laufen haben,

die Ihnen Zweifel und Furcht vor dem Handeln einflößen, dann haben Sie so gut wie keine Chance, Ihre Ziele zu erreichen. Alles, was Sie wahrscheinlich bekommen werden, sind innere Spannungen, die sich bis zum Unerträglichen steigern können. Da hilft es nicht zu warten und zu hoffen, die Sorgen und Ängste würden sich auflösen. Wer so denkt, wartet ziemlich sicher vergebens.
Ich möchte Ihnen an dieser Stelle noch einmal die Hand reichen und Ihnen anbieten, sich selbst zu helfen. Schauen Sie im Anhang zu diesem Buch nach!

Unsere einmalige Persönlichkeit lebt in einer inneren Welt der Gedanken, Ideen, Verhaltens- und Erfolgsmuster, Erfahrungen, Überzeugungen und Gewohnheiten; ein faszinierendes einzigartiges Konglomerat. Die darin gebundenen emotionalen Energien sind es, die uns beeinflussen und oft genug gegen unseren Willen steuern. In unserer inneren geistigen Welt ist Denken gleich Handeln. In unserer physischen äußeren Welt allerdings müssen wir unser Denken physisch handelnd umsetzen. Durch Denken alleine können wir in der uns umgebenden Welt nicht wirklich etwas erreichen. Verstehen Sie mich richtig: Unser Denken ist die Voraussetzung, um überhaupt in der physischen Welt etwas bewegen zu können! Wenn aber den Gedanken kein Handeln folgt, sind die Gedanken nutzlos. Erst durch die Ausführung unserer Ideen können wir erfolgreich, frei und unabhängig werden.
In der uns vertrauten äußeren Welt müssen wir handeln, um zu überleben. Ohne zu essen, auf die Toilette zu gehen oder uns zu bewegen, wären wir physisch nicht mehr sehr lange am Leben. Handeln ist uns also vertraut und das Streben nach Verbesserung einer unserer Grundantriebe, weshalb jede Konditionierung, die unser Handeln durch Sorge, Angst oder Zweifel blockiert, äußerst kritisch beleuchtet werden sollte.
Natürlich sind Sorge, Furcht und Zweifel auch Energien, die unser Überleben sichern, indem sie uns vor unbedachten Handlungen

bewahren. Es kommt also darauf an, wie wir mit diesen Energien umgehen.

Menschen, die intelligent erfolgreich sind, haben genauso viel Angst wie weniger erfolgreiche. Sie gehen nur anders mit ihr um. Sie stellen sich ihrer Angst! Außergewöhnlich erfolgreiche Menschen sind genauso Gewohnheitstiere, die sich unsicher und unbehaglich fühlen. Auch sie werden von Ungewissheit und Zweifeln geplagt. Aber sie handeln trotzdem, denn sie wissen, all diese Empfindungen werden sich nur als richtig oder falsch herausstellen, wenn sie durch ihr Handeln Klarheit schaffen. Deshalb nutzen besonders erfolgreiche Menschen ihre Angst als Impulsgeber, um in Richtung ihres Ziels aktiv zu werden.

Ich erinnere mich sehr gut an Karlo. Er sprach mich auf einem Informationsabend an: „Die Schweiz ist so weit, aber wenn Sie einmal ein Basic-Seminar hier in der Nähe durchführen, dann komme ich ganz bestimmt, denn ich habe so viel Gutes gehört, dass ich es dann gerne besuchen würde." Ich fragte ihn, ob er mir ein paar klare Worte erlauben würde. Er bejahte und ich antwortete ihm: „Ich will es positiv ausdrücken, es geht Ihnen wirtschaftlich nicht besonders gut, um das Wort ‚Pleite' zu vermeiden." Er entgegnete: „Nun ja, es geht mir tatsächlich nicht besonders gut, deshalb würde ich auch gerne ihr Seminar besuchen, um zu erfahren, wie ich aus meiner Misere herauskommen kann." – „Ich verstehe", sagte ich, „ich befürchte nur, ich kann Ihnen da nicht helfen, denn wenn Sie sich von einer dreistündigen Autofahrt" – er lebte in Süddeutschland – „abhalten lassen, dann frage ich Sie, was wird Sie noch alles aufhalten, um Ihre Miesere nicht überwinden zu müssen?" Er stutzte und meinte: „Wie meinen Sie das?" – „Im Leben ist alles eine Frage der Prioritäten, und wenn Sie sich von einer dreistündigen Autofahrt davon abbringen lassen, das zu tun, was Sie tun müssen und wollen, dann werden Sie immer einen Grund finden, sich abhalten zu lassen. Es ist nicht die Größe der Herausforderung, die Sie aufhält, sondern Ihre innere Größe. Wenn Sie wirklich Ihr Leben verändern wollen, dann dürfen Sie sich von nichts und niemanden aufhalten lassen. Ich wünsche Ihnen noch einen schönen Abend." Eigentlich hatte ich erwartet, ihn nie wiederzusehen, aber ich hatte wohl etwas in ihm ausgelöst. Er kam zu unserem nächsten Seminar. Bernd ist heute selbstständig und überaus erfolgreich mit seinem Beratungsunternehmen in Hamburg.

Überaus erfolgreich zu werden ist nicht bequem, es kann eine Zeit lang sogar ausgesprochen hart sein. Wer nur bereit ist zu tun, was leicht ist, für den wird das Leben hart; wer jedoch bereit ist, Härten auf sich zu nehmen, für den wird sein Leben leicht.

Ich erinnere mich an eines meiner ersten Seminare, dass ich selbst besuchte. Ich spürte damals: „Dieses Seminar wird der Durchbruch in deinem Leben. Es wird dir Türen und Perspektiven eröffnen, von denen du bisher nicht zu träumen gewagt hast." Es sollte mich und meine damalige Freundin insgesamt 10.000 DM, also ca. 5000 €, für drei Wochen kosten. Für das Jahr 1975 war dies ein kleines Vermögen. Zur damaligen Zeit arbeitete ich bei einem Unternehmen im Vertrieb und verdiente etwa 2400 DM im Monat. Aber ich dachte, du musst das Geld investieren, es ist für deine Zukunft. Um sicher Urlaub zu bekommen, beantragte ich ihn vier Monate vor Seminarbeginn. Da ich von der Geschäftsleitung nichts hörte, dachte ich, das geht wohl in Ordnung. Zwei Wochen vor Seminaranfang wurde ich ins Personalbüro gerufen, wo mir mitgeteilt wurde, dass ich unter keinen Umständen Urlaub erhalten könne. Ich bat darum, meinen Urlaubsantrag noch einmal wohlwollend zu prüfen, da ich auf eigene Kosten auf ein Seminar fahren wolle und meine dortigen Erkenntnisse auch für das Unternehmen von Vorteil seien. Eine Woche später erhielt ich ein Schreiben, in dem mein Urlaub abgelehnt wurde und ich schriftlich betätigen sollte, dass ich auf den Urlaub verzichten und stattdessen weiterarbeiten würde. Innerlich beschloss ich, das Seminar abzusagen, aber das Schreiben nicht zu unterschreiben, da ich es als unverschämt empfand. An einem Freitagabend, eine Woche vor Seminarbeginn, fand ich, als ich abends nach Hause kam,

meine fristlose Kündigung im Briefkasten. Geschockt rief ich meinen Verkaufsleiter an und fragte, ob man darüber reden könne. Er mochte mich und meinte: „Von mir aus gerne, aber ich habe da wenig Hoffnung. Kommen Sie am Montagmittag mit allen Verkaufsunterlagen und dem Firmenwagen ins Büro. Ich versuche am Morgen, etwas für Sie zu erreichen."
Als ich am Montag im Büro erschien, wurde ich nicht einmal mehr in die Firma gelassen. Man nahm mir alle Unterlagen und den Firmenwagen ab und ich war fristlos entlassen. Ich rief meine Freundin an und bat sie, mich abzuholen. Was jetzt? Ich hatte die 10.000 DM für das Seminar noch nicht bezahlt. Von diesem Geld würde ich locker vier Monate leben können, und da ich ein Haus neu gebaut und abbezahlen musste, erschien mir dies der logische Schritt. Insbesondere, da ich meinen letzten Arbeitsmonat vorerst ebenfalls nicht bezahlt bekommen würde. Am nächsten Tag suchte ich einen Anwalt auf und ging aufs Arbeitsamt, um mich arbeitslos zu melden. Die Aussichten auf eine neue Arbeitsstelle wurden mir alles andere als rosig beschrieben. Ich zweifelte und grübelte fast den ganzen weiteren Tag, um mir darüber klar zu werden, was jetzt das Beste wäre. Am nächsten Tag beschloss ich, auf das Seminar zu fahren. Der Besuch erschien mir für meine Zukunft zu wichtig. Also fuhren wir in dem alten Renault R4 meiner Freundin los. Wir kamen nicht einmal fünfzig Kilometer weit, als der Motor zu streiken begann. Wir schafften es gerade noch bis zur nächsten Abfahrt und zu einem Freund, der in der Nähe wohnte und mit gebrauchten Autos handelte, um damit sein Studium zu finanzieren. Auf meine Frage nach einem fahrbaren Untersatz bot er uns einen NSU Ro80 an; das einzige Auto, das er zu der Zeit zu verkaufen hatte. Ein für die damalige Zeit recht luxuriöser Wagen, der allerdings in dem Ruf stand, reihenweise Motoren zu verbrauchen. Das von NSU verwendete Wankelmotorkonzept war nicht ausgereift. Als ich ihm gestand, dass ich kein Geld hätte, ihm das Auto sofort zu bezahlen, war er auf mein Versprechen hin, es später nachzuholen, bereit, mir das Auto zu

überlassen. Und so fuhren wir zu dem Seminar in dem Wissen, danach absolut pleite zu sein und nicht einmal mehr die Raten für mein Haus weiterzahlen zu können. Es sei denn, ich würde sofort einen neuen Job finden. Trotz dieses Risikos wusste ich, ich musste auf dieses Seminar.

Das Seminar war eine Offenbarung, plötzlich taten sich Verbindungen und Möglichkeiten zu Erfolgen auf, die ich bis dahin für unmöglich gehalten hatte. Hätte mir jemand vorher davon erzählt, hätte ich ihn für einen stark übertreibenden und von Veranstaltern bezahlten Werber gehalten, der mich mit übertriebenen Versprechen als Teilnehmer gewinnen sollte.

In der zweiten Seminarwoche unterhielt ich mich mit einem anderen Teilnehmer in der Kaffeepause. Als er auf sein Zimmer gehen wollte, um noch etwas Zeitung zu lesen, fragte ich ihn, welche Zeitung er dabei hätte. Es war eine Samstagausgabe der Frankfurter Rundschau, allerdings schon vierzehn Tage alt. Ich bat ihn, mich einen Blick in die Stellenangebote werfen zu lassen, wenn er diese nicht mehr bräuchte. Am Abend lag der Stellenangebotsteil der Zeitung vor meiner Hotelzimmertür. Als ich die Angebote durchblätterte, fand ich die Anzeige eines Unternehmens, das für den Bereich, in dem ich wohnte, einen Außendienstmitarbeiter suchte. Dieses Unternehmen vertrieb Spitzen- und High-End-Hi-Fi-Produkte, von denen ich nie geglaubt hätte, die Chance zu erhalten, sie vertreiben zu dürfen. Ich bewarb mich handschriftlich auf Hotelpapier und kaum drei Tage später bekam ich einen Anruf und die Einladung zu einem Vorstellungsgespräch.

Ich bekam den Job und konnte zum nächsten Monatsanfang anfangen. Außerdem verdiente ich 1000 DM pro Monat mehr als vorher. Ein Jahr danach war ich Verkaufsleiter, kurze Zeit später Vertriebsleiter und zum Schluss stellvertretender Geschäftsführer. Ich habe darüber schon geschrieben. Nach dieser Erfahrung war es an der Zeit, selbstständig zu werden. Mein Mut, das Seminar zu besuchen, hatte sich mehr als ausgezahlt und meine bisherigen Erfolge überhaupt erst möglich gemacht.

Sie sehen, es ist ganz einfach, entweder Sie sind jemand, der sich aufhalten lässt, oder Sie sind bereit, alles zu tun, was erforderlich ist, um das zu erreichen, was Sie anstreben. Trainieren Sie für Ihren intelligenten Erfolg, auch Dinge zu tun, die nicht nur unbequem, sondern unter Umständen sogar außerordentlich unangenehm sind.

Bequemlichkeit ist ein ausgesprochen gefährlicher Zustand. Eine Komfortzone mag sich schön und angenehm anfühlen, sie erlaubt einem aber nicht, sich weiterzuentwickeln. Weiterentwicklung ist aber die Voraussetzung, um über seinen jetzigen Zustand hinaus mehr Lebensqualität zu realisieren. Größere Freiheit und intelligentere Erfolge verlangen Entwicklung, und dazu müssen Sie bereit sein, Ihre Komfortzone zu verlassen und sich aus dem Gleichgewicht zu bringen. Nachdem Sie sich in das Unbequeme hineinbegeben und das Erforderliche gelernt und trainiert haben, wird sich Ihre Komfortzone erweitert haben, und Sie werden sich wieder wohlfühlen. Doch viel wichtiger ist, Sie sind innerlich gewachsen!

Gestatten Sie mir einen weiteren Blickpunkt. Wann immer Sie sich ungemütlich, aus dem Gleichgewicht und unbequem fühlen, vermeiden Sie es, sich durch Entschuldigungen oder Rechtfertigungen wieder in Ihre Komfortecke zurückzuziehen. Nehmen Sie stattdessen die Herausforderung an, gehen Sie weiter vorwärts, lernen Sie aus den sich einstellenden Situationen und machen Sie einen weiteren Schritt. Klopfen Sie sich auf die Schulter und sagen Sie sich: *„Mit jedem Schritt vorwärts und jeder weiteren Erkenntnis wachse ich innerlich und werde stärker. Der nächste Komfortbereich wartet bereits auf mich."*

Im Fall Ihres Rückzuges wird Ihre Bequemlichkeit an Bedeutung gewinnen und damit auch die Angst. Wenn Sie jedoch bereit sind, neue Erfahrungen zu machen, so vergrößern Sie damit nicht nur Ihre zukünftige Komfortzone, sondern auch Ihren Bereich für Chancen. Je größer dieser Chancenbereich ausfällt, umso schneller wird sich unser Universum beeilen, dieses Gebiet mit neuen

Chancen aufzufüllen, wodurch sich Ihre Freiheit und Ihre Lebensqualität weiter erhöhen. Auf einen einfachen Nenner gebracht: Persönliche Entwicklung findet immer außerhalb einer Komfortzone statt.

Die Bequemlichkeit, die sich heute durch das vermeintliche soziale Netz immer weiter ausbreitet, und der immer lauter werdende Ruf nach einem Staat, der es richten soll, hat mehr Ideen, Möglichkeiten und Chancen vernichtet als alles andere. Die heutige Bequemlichkeit ist der Hauptverantwortliche für die weitverbreitete Furcht vor der Zukunft. Wessen Ziel im Leben die Bequemlichkeit ist, wird auf Dauer niemals frei und auch niemals glücklich bleiben oder überhaupt erst werden können.

Auf Dauer frei und glücklich werden nur Menschen, die bereit sind, sich einzusetzen und all Ihre Potenziale und Fähigkeiten zu entfalten. Wer lieber ein lauwarmes Leben führt, hat keine Chance, die Qualität seines Lebens auf Dauer zu erhöhen.

Natürlich werden Sie es nicht nur in Ihrer Komfortzone mit Angst und Schrecken zu tun bekommen. Gerade wenn man sich in einer Entwicklungsphase befindet, können Furcht und Zweifel scheinbar überwältigend werden. Verschaffen Sie sich Abstand durch die Spiegelübung und machen Sie sich bewusst, es ist nur eine Emotion, ausgelöst durch eines meiner überholten Verhaltensmuster. Ich habe einen freien Willen und die Fähigkeit, meine Emotionen in den Dienst meiner Ziele zu stellen. Ein wichtiger erster Schritt dazu sind die „4 A's". Sie erinnern sich:

1. „Anschauen" und identifizieren eines Verhaltensmusters
2. „Anerkennung" eines Verhaltensmusters
3. „Abstand" schaffen zu diesem Verhaltensmuster
4. „Anpassen" des Verhaltensmusters

Erkennen Sie Ihre Emotionen durch die „4 A's" an und sie werden ihre Macht verlieren, Sie aufhalten zu können. Auch wenn ich mich immer wieder wiederhole: Setzen Sie in solchen Situationen Ihre

Emotionen mit allen dazugehörigen geistigen Bildern auf Ihren geistigen Spiegel und zerschlagen Sie den Spiegel. Bestimmen Sie anschließend Ihre Erfolgsrichtung, lassen Sie ein geistiges Bild dazu entstehen und setzen Sie es bewusst mit Ihrer Hand auf Ihrem Herzen als Erfolgsmuster in Ihrem Bewusstsein ein. Sie werden sehen, die Ängste und Zweifel werden sich auflösen und es wird Ihnen besser gehen. Ihr Blick für die Möglichkeiten und Chancen wird wieder klarer werden.

Solange Sie auf dem Weg sind, Ihre erfüllenden Ziele durch intelligente Erfolge zu realisieren, werden Sie es abwechselnd mit ruhigen, bequemen und unruhigen, unbequemen Lebensphasen zu tun haben. Sollten Sie feststellen, dass sich eine ruhigere Lebensphase abzeichnet, ist es an der Zeit, die Herausforderung zu erhöhen und weitergesteckte lohnenswerte Ziele durch Neuausrichtung Ihrer Erfolgsmuster anzugehen. Nur so vermeiden Sie, dass Ihr innerliches Wachstum nachlässt. Ihr Leben wird nur dann auf Dauer ein freies, unabhängiges und erfülltes sein, wenn Sie sich dauerhaft an der Grenze zwischen Bequemlichkeit und Herausforderung bewegen.

Das erfordert einiges an Übung, denn wir sind in der Regel die mehrfach erwähnten Gewohnheitstiere, die sich ganz gerne einmal ausruhen. Kein Problem, Sie müssen sich nur darüber im Klaren sein, dass damit Ihre Lebensqualität langsam nachlässt und Sie das verlorene Terrain nicht nur wieder aufholen, sondern zusätzlich weiter ausdehnen müssen. Damit liegt eine längere und intensivere Phase der Unbequemlichkeit vor Ihnen, als wenn Sie Ihre Chancen stetig weiter ausdehnen würden. Wer bereit ist, stetig seine Chancen auszuweiten, wird feststellen, auch das Leben an der Grenze von Bequemlichkeit und Herausforderung kann zur Gewohnheit werden, sodass es sich dort immer komfortabler leben lässt.

Ich hatte mehrfach erwähnt, dass die Angst ein Feigling ist, der wegläuft, wenn man ihr mutig entgegentritt, weil die meisten Probleme, die wir in unserem Kopf als Dramen aufführen, in der physischen Wirklichkeit niemals stattfinden. Unsere Dramen beziehen ihre Handlungen aus den Verhaltensmustern, die wir im Verlaufe unseres Lebens zu Tausenden aufgesammelt haben und die unsere Gedanken hin- und herspringen lassen. Werden die Dramen nicht durch Änderung des Drehbuchs angepasst, werden sie so lange Kraft sammeln, bis sie sich durchsetzen und Ihre Lebenssituationen Ihnen bestätigen: „Ich hatte recht." Solange dies zu mehr Erfolg, Glück und Lebensqualität führt, ist nichts dagegen einzuwenden; wenn es aber angestrebte Erfolge verhindert oder gar zu Misserfolgen und finanziellem Mangel führt, empfehle ich dringend etwas dagegen zu tun.

Viele Menschen unternehmen nichts, weil sie meinen, die Aufführungen der Dramen in ihrem Bewusstsein und das Hin und Her ihrer Gedanken lägen außerhalb ihrer Kontrolle. Sie sehen keine Möglichkeit, diesen ständig wechselnden Tanz der Gedanken und Emotionen zu unterbrechen. Aber wie ebenfalls schon mehrfach erwähnt, Sie haben einen freien Willen und Sie können jederzeit Ihre Verhaltensmuster so managen, dass Sie für „Sie" und nicht gegen „Sie" arbeiten. Der geistige Spiegel, die Erfolgsvitamine und die weiteren Maßnahmen in diesem Buch sind ein starkes Werkzeug, sie unter Kontrolle zu bekommen und auf das, was Sie wirklich wollen, auszurichten. Wer es gerne schneller, einfacher und effektiver hätte, dem empfehle ich, unsere ausgestreckte Hand am Ende dieses Buches zu ergreifen.

Bis Sie dazu die Möglichkeit haben, beobachten Sie Ihre Gedanken. Dabei werden Sie feststellen, da gibt es einige gedankliche Aufführungen in Ihrem Kopf, die für Ihre erfüllte Zukunft nicht gerade zuträglich sind. Indem Sie sich dieser Gedanken mit den „4 A's" annehmen, nehmen Sie Ihnen die Kraft der Durchsetzung. Wenden Sie außerdem die Spiegelübung möglichst sofort an, wenn Sie derartige hinderliche Gedankenmuster feststellen. Genauso wichtig ist, die durch die Erfolgsvitamine etablierten neuen Denk- und Lebensweisen als Ihre eigenen und damit als Be-

standteil Ihrer Persönlichkeit zu akzeptieren. Nehmen Sie Ihre neuen Erfolgsmuster von Herzen als „die" neue Ausrichtung in Ihrem Leben an. Spüren Sie, wie diese neue Orientierung Ihr Leben verbessert, Sie freier, unabhängiger und erfüllter werden lässt. Nachdem Sie dies zum ersten Mal gespürt haben, werden Sie keine Lust mehr haben, alten Gewohnheiten nachzuhängen, die Ihnen genau dieses Leben bisher versagt haben. Treffen Sie jetzt eine klare Entscheidung: *„Ich gebe meiner neuen Lebensrichtung Aufmerksamkeit und Bedeutung; es wird so sein."*
Entscheiden Sie: *„„Ab jetzt bin ich Kapitän auf meinem Lebensschiff". Verweigern Sie die Rolle des Passagiers*, der von seinen Verhaltensmuster einmal hierhin und einmal dorthin getrieben wird." Ich wiederhole: Nutzen Sie Ihren freien Willen! Seien Sie sich immer darüber im Klaren; kein Gedanke, kein Verhaltensmuster wohnt in Ihrem Kopf wirkungsfrei. Er bringt Ihnen immer etwas ein! Ob Sie das allerdings wirklich haben wollen, das dürfen Sie entscheiden. Wenn nicht, kündigen Sie dem Gedanken und setzen Sie ein Erfolgsmuster ein, das Ihnen das liefert, was Sie anstreben.

Die heute außergewöhnlich erfolgreichen Menschen haben ihre Gedanken in zwei wesentliche Kategorien unterteilt, in konstruktive und destruktive Gedanken. Wann immer ein destruktiver Gedanke auftaucht, sagen sie: „Vielen Dank für die Information, jetzt bitte ‚löschen'." (Spiegelübung)
Bitte prägen Sie sich unauslöschlich ein: Ihre Gedanken sind nur Vorstellungen und für Ihre äußere Welt nur geistige Dramen, die sich aber Geltung verschaffen, wenn Sie Ihnen lange genug Bedeutung beimessen. Sie erinnern sich: Gedanken führen zu Handlungen und Handlungen zu Ergebnissen. Solange Ihre destruktiven Gedanken noch als geistige Bühnenstücke in Ihrem Bewusstsein aufgeführt werden, sind sie verhältnismäßig einfach neu auszurichten. Wenn sich diese Dramen erst einmal Geltung in Ihrem physischen Leben verschafft haben, wird dies schon viel schwieriger; auch deshalb, weil die Betreffenden dadurch den Be-

weis zu haben glauben: „Ich hatte recht, die Welt ist schlecht und destruktiv" oder „Ich hatte recht, ich bin nicht zum Erfolg bestimmt". Es dämmert ihnen selten, dass sie selbst die Verursacher der Situationen sind, die sie erleben. Wer solchen Opferüberzeugungen nachhängen möchte, wird weiterhin recht behalten. Wem so etwas Spaß macht, okay, warum nicht? Sollten Sie allerdings entdecken, dass auch Sie Opferrollen von Zeit zu Zeit spielen, dürfen Sie sich wieder einmal entscheiden. Sie können Ihr bisheriges Leben fortführen oder erfolgreicher und glücklicher werden. Sollten Sie erfolgreicher und glücklicher werden wollen, werden Sie die Verhaltensmuster anpassen, die Sie eine solche Rolle spielen lassen, und Ihrem Erfolg durch mutiges Handeln entgegengehen müssen.

Erfolgsvitamin 21

Ich lege meine Hand auf mein Herz und lasse ein geistiges Bild zu dem folgenden Satz, den ich laut ausspreche, entstehen: *„Ich gehe meinem Erfolg mutig entgegen, Zweifel und Furcht lösen sich auf."*
Klare Entscheidung: *„Ich entscheide mich für meinen Erfolg."*
Hand auf die Stirn: *„Ich denke wie die erfolgreichsten Menschen auf unserem Planeten."*

Maßnahmen zur Verstärkung des Erfolgsvitamins 21

1. Erstellen Sie in maximal 10 Minuten eine ausführliche Liste Ihrer Ängste, Zweifel, Sorgen, Bedenken, die Sie in Ihrem mutigen Handeln behindern.

2. Rollen Sie dieses Blatt zusammen, finden Sie einen Platz, an dem Sie keinen Schaden anrichten können, und verbrennen Sie das Blatt. **(Bitte jetzt erst tun!)**

3. Sofort anschließend schreiben Sie bitte auf ein Blatt, was in Ihr Leben eintreten soll und was Sie unternehmen können, damit dies Wirklichkeit wird. **(Bitte jetzt erst tun!)**

4. Entscheiden Sie bei jedem einzelnen Punkt: *„Ich realisiere es!"*

5. Ergänzen Sie Ihre Zielbild-Checkliste mit den einzelnen Punkten, und vermerken Sie, bis wann sie verwirklicht sein werden; bitte ein genaues Datum festlegen.

    Datum ....

6. Hängen Sie Ihre Zielbild-Checkliste wieder an einen Platz, an dem sie oft vorbeikommen (Kühlschrank, Toilette, Haustür, Bü-

rotür, Schreibtisch, Brieftasche etc.), und jedes Mal, wenn Sie die Liste sehen, entscheiden Sie sich erneut für die Realisierung.

7. Wann immer Sie von Ängsten und Zweifeln geplagt werden, wenden Sie die Spiegelübung an und schauen Sie auf Ihre Zielbild-Checkliste. Gehen Sie jeden einzelnen Punkt durch und entscheiden Sie: *„Ich realisiere es!"* Das wird Sie aus Ihrem Loch herausholen.

8. Trainieren Sie, aus Ihrer Komfortzone herauszugehen und an der Grenze zwischen Bequemlichkeit und Herausforderung zu leben.

Zum Beispiel:
    a. Treffen Sie unbequeme Entscheidungen.
    b. Stehen Sie jeden Tag etwas früher auf, als Sie eigentlich müssten.
    c. Treiben Sie Sport.
    d. Sprechen Sie freundlich mit Menschen, die Sie sonst nicht beachten würden.
    e. Besuchen Sie eines unserer KEET-Success-Mind-Seminare. Dort werden Sie die Weichen stellen, sodass Sie befreit in Ihr erfülltes Leben durchstarten können.

9. Bis dahin beobachten Sie bewusst Ihre Gedanken und lassen nur solche Gedanken zu, die Sie fördern. Andere Gedanken stellen Sie auf Ihren geistigen Spiegel und richten sich neu aus. *Solche Gedanken sind zum Beispiel: „Das kann ich nicht", „Ich habe Angst", „Das wird schiefgehen" oder: „Dazu habe ich keine Lust".* Hören Sie nicht auf sie, sondern verwenden Sie Ihren freien Willen.

10. Wenn Bedenken Sie am Handeln hindern wollen, handeln Sie erst recht. Zeigen Sie Ihren Verhaltensmustern, wer das Sagen hat. Ihr Mut und ihr Selbstvertrauen werden zunehmen und die ängstliche, zweifelnde und verzagte Stimme in Ihnen immer ruhiger werden und Sie als Chef anerkennen. Außerdem werden Ihnen die Ergebnisse Ihres Handelns zeigen, wie Sie noch besser werden können.

Bitte lesen Sie erst weiter, wenn Sie die Übungen so weit wie möglich gemacht haben.

Erfolgreiche Entwicklung bedeutet,
auch Fehler zu machen, beinhaltet aber den Wunsch,
aus seinen Fehlern zu lernen.

Das Wissen des Lebens

Vor vielen Jahren habe ich den Satz gehört: „Die Schlauen sind immer so schrecklich unsicher und die Dummen immer so schrecklich sicher." Damit wollte mir Walter sagen, dumme Menschen glauben, alles Wesentliche bereits zu wissen, während die Schlauen immer auf der Suche nach Neuem sind.
Sätze wie: „Das weiß ich schon" oder „Das kenne ich schon", sind die gefährlichsten Sätze überhaupt. Denn Sie wissen oder kennen nur Dinge, die Sie bereits gelebt haben. Wenn Sie noch nicht so erfolgreich, unabhängig, frei, glücklich und erfüllt sind, wie Sie es gerne sein möchten, dann haben Sie nur davon gehört, darüber geredet oder davon gelesen. Sie wissen oder kennen es tatsächlich nicht. Mit anderen Worten, Sie dürfen sich noch eine ganze Menge einprägen und erfahren, bis ihr Leben so erfolgreich, frei, unabhängig, glücklich und erfüllt ist, wie Sie es anstreben.
Ich habe hochintelligente Köpfe kennengelernt, die ab einem bestimmten Zeitpunkt behauptet haben: „Ich weiß alles, was ich brauche." Schrecklich! Es ist der Anfang vom Ende einer ansonsten wahrscheinlich brillanten Karriere und eines erfüllten Lebens. Einem solchen Menschen bleibt nichts anderes übrig, als sich mehr und mehr auf das zurückzuziehen, was er schon kennt, und das, was er schon kann. Wenn etwas schiefläuft, sind selbstverständlich die anderen schuld, denn er weiß ja, was richtig ist. Allerhöchstens akzeptiert seine Intelligenz noch Pech oder eine Panne des Universums als Grund für seinen Misserfolg.
Recht haben zu wollen auf der Basis, was man „weiß", ist so ziemlich das Schlimmste, was ein Mensch sich antun kann. Dieses Rechthaben orientiert sich an vorhandenen Erfahrungen, und diese reichen nun mal nicht aus, um glücklicher, unabhängiger

und erfolgreicher zu werden, als die Betreffenden es bereits sind. Deshalb müssen Sie sich in Bezug auf Ihre zukünftigen erfüllenden Ziele und außergewöhnlichen Erfolge entscheiden. Sie können entweder „recht haben" oder Ihre erfüllenden Erfolge realisieren, beides ist unmöglich. Recht haben zu wollen bedeutet nichts anderes, als an den Denkgewohnheiten und Überzeugungen festzuhalten, die Sie genau dahin gebracht haben, wo Sie heute stehen. Ihren Verhaltensmustern verdanken Sie alles, was Sie heute sind und haben. Wesentlich mehr allerdings ermöglichen Sie Ihnen nicht. Deshalb können Sie entweder recht haben oder glücklicher werden, recht haben oder frei sein, recht haben oder unabhängiger sein, recht haben oder erfolgreicher sein. Nur beides haben, das können Sie in diesen Fällen nicht. Es liegt wie immer bei Ihnen, treffen Sie Ihre Entscheidung.

Das Ziel dieses Buches ist es, Ihnen die Möglichkeit an die Hand zu geben, Erfolgsmuster zu starten, die Ihnen den Erfolg und die Lebensqualität ermöglichen, die Sie anstreben. Auf unseren KEET-Success-Mind-Seminaren bekommen Sie zusätzlich hocheffiziente Werkzeuge mit auf den Weg, mit denen Sie nicht nur weitere neue Erfolgsmuster starten, sondern bestehende Verhaltensmuster optimal ausrichten. Unsere Teilnehmer berichten uns immer wieder von einem aufsehenerregenden dauerhaften Erfolgs- und Lebensqualitätsschub, der sich dadurch einstellte! Deshalb möchte ich auch Sie auffordern, immer weiter zu lernen und sich zu entwickeln, um innerlich zu wachsen, denn nur dies wird Sie zu dem Menschen machen, der Sie sein möchten.
Unsere Naturgesetze zeigen, dass unsere Welt nicht statisch ist, sondern sich permanent und, wie es aussieht, immer schneller verändert. Jeder lebende Organismus, seien es Pflanzen oder Tiere, stirbt, wenn er nicht wächst und seine Fähigkeiten entfaltet. Für uns gilt diese Gesetzmäßigkeit in gleichem Maße. Auch wenn wir physisch am Leben bleiben, werden wir geistig sterben, wenn wir nicht bereit sind, zu wachsen und uns zu entwickeln.

Schauen Sie sich in unserer Welt um und Sie werden jede Menge Beweise dafür finden. Da gibt es Menschen mit Mitte zwanzig, die von einem Misserfolg in den anderen taumeln, arbeitslos, pleite, unzufrieden und unglücklich sind und trotzdem behaupten, alles bereits zu wissen. Auf der anderen Seite finden Sie Menschen mit siebzig und älter, die quicklebendig, neugierig, erfolgreich und glücklich sind.

Der Unterschied ist die Art zu leben. Die Unglücklichen und Erfolglosen wissen bereits alles und haben für alles Neue eine Ihnen genehme Erklärung. Die Glücklichen und Erfolgreichen sind immer bereit, Neues hinzuzulernen, und nicht an genehmen und logischen Bestätigungen ihres vorhandenen Wissens interessiert, sondern an den zusätzlichen Möglichkeiten, die ihnen das Neue eröffnet. Sie folgen Aristoteles, der im Laufe seines Lebens feststellte: „Ich weiß, dass ich nichts weiß", und lernen, um innerlich zu wachsen.

Denken Sie bitte nicht, ich würde die Unglücklichen und Erfolglosen verurteilen. Jeder von uns kann in eine Situation kommen, in der er Misserfolge erlebt und unglücklich ist. Was ich nicht nachvollziehen kann, aber leider akzeptieren muss, sind Menschen, die darin verharren; Menschen, die Neues ablehnen und sich dafür lieber vom Staat helfen lassen. Ich jedenfalls bin jederzeit bereit, Menschen zu helfen, sich selbst zu helfen. Wenn sie diese ausgestreckte Hand allerdings ablehnen, indem sie zum Beispiel behaupten, keine Zeit und kein Geld zur Weiterentwicklung zu haben, dann halte ich mich von ihnen fern. Benjamin Franklin hat es so formuliert: „Wenn Sie glauben, Bildung sei teuer, dann versuchen Sie es doch einmal mit dem Gegenteil, mit Unwissen!" Wissen ist Macht. Es verleiht Ihnen die Macht, zu handeln und über Ihre Zukunft selbst zu bestimmen.

Bei Anfragen nach unseren Seminaren hören wir immer wieder: „Ich würde ja gerne kommen, aber ich habe keine Zeit …", „Ja, wenn es nicht so teuer wäre …" oder „Das kann ja alles sein, aber ob es auch funktioniert?" Es ist erstaunlich, gerade Menschen, die

sich in schwierigen Phasen ihres Lebens befinden, sagen uns oft: „Ich brauche dieses Seminar nicht." Manche wollen damit ausdrücken: „Ich kann es mir zurzeit nicht leisten." Im Gegensatz zu diesen Aussagen melden sich erfolgreiche Menschen zu unseren Seminaren an, die sich sagen: „Wenn ich nur eine einzige neue Information und Vorgehensweise erfahre, die mich noch erfolgreicher macht, dann hat sich der Besuch gelohnt." Ich kann Ihnen zusagen, Sie werden nicht eine, sondern Dutzende Erkenntnisse haben, die Sie um Lichtjahre weiterbringen. Fragen Sie unsere Teilnehmer, sie werden Ihnen betätigen, dass die KEET-Success-Mind-Seminare mit ihrer KEET-Eigendialogmethode eine der besten Investitionen in ihrem Leben war. Alle unsere Teilnehmer bildeten auf ihrem Seminar eine Synthese zwischen Bewusstsein und Unterbewusstsein, zwischen angepassten und neuen Erfolgsmustern, mit denen Sie außergewöhnliche Erfolge realisierten. Ich möchte ganz offen zu Ihnen sein. Wenn Sie keine Zeit haben, die Dinge zu tun, die Sie eigentlich tun müssten und wollen, dann sind Sie sehr wahrscheinlich Ihr eigener moderner Sklave. Und wenn Sie keine Zeit oder kein Geld haben, ein Seminar zu besuchen, das Ihnen die Möglichkeit bietet, außergewöhnlich erfolgreich zu werden, dann brauchen Sie ein solches Seminarangebot dringender als jeder andere. Wer sagt, er habe keine Zeit und kein Geld, etwas für sich zu tun, wird wahrscheinlich niemals die Zeit und das Geld dafür haben. Seine Verhaltensmuster werden es für ihn so einrichten.
Die einzige Möglichkeit, Ihre erfüllenden Ziele und Ihre Freiheit und Unabhängigkeit zu realisieren, ist, so viel wie möglich darüber zu erfahren, wie Sie auf intelligente Weise außergewöhnlich erfolgreich werden und wie Sie dieses Wissen ständig erweitern.
Heute durch dieses Buch zu Ihnen sprechen zu können ist für mich möglich, da ich alle Spielregeln, Übungen und kreative Vorgehensweisen angewendet und das meiste, worüber ich hier schreibe, selbst erlebt habe. In unseren Seminaren wird nichts vermittelt, was nicht durch Erfahrungen praxiserprobt ist. Mehrere

Tausend Seminarteilnehmer haben es ausprobiert und wissen, es funktioniert.

Nachdem bewiesen war, dass die Anpassung der Verhaltensmuster und die geistigen Erfolgsspielregeln im Alltag für jeden dauerhaft herausragend funktionieren, haben meine Frau und ich uns den beschriebenen extremen Situationen auf See und in der Antarktis ausgesetzt. Wir waren uns darüber einig, dass wir, wenn es schiefgehen sollte, keine anderen Menschen zu unserer Rettung in Gefahr bringen würden. Wir wollten wissen, ob die Erfolgsvitamine auch in absoluten Ausnahmesituationen funktionieren. Sie funktionieren! Mit dem, was ich schreibe, möchte ich Sie unter keinen Umständen dazu auffordern, Derartiges auszuprobieren oder sich auch nur in die Nähe solcher Situationen zu begeben. Doch schauen Sie, wenn Sie alles Wünschenswerte in Ihrem Leben bereits erreicht hätten, dann hätten Sie dieses Buch nicht bis hierher gelesen. Also ist jede Antwort, die in Ihrem Bewusstsein auftaucht und Ihnen suggeriert, nichts weiter zu tun, nur eine Rechtfertigung oder Entschuldigung, mit der Sie sich in Ihre Komfortecke zurückziehen und sich Ihren bestehenden Verhaltensmustern ausliefern.

Es widerspricht eigentlich meiner Natur, so deutliche Worte zu finden, aber ich sehe meine Aufgabe als Seminarleiter darin, Sie zu informieren, zu inspirieren und zu motivieren, um Ihre Erfolge und die Qualität Ihres Lebens weiter zu erhöhen. Meine Aufgabe ist es, von Ihnen mehr zu verlangen als Sie von sich selbst. Andernfalls wäre ich absolut überflüssig. Aus diesem Grunde nehme ich mir die Freiheit, in den plakativsten Farben zu schildern, was Sie behindert und von Ihren angestrebten Erfolgen und von Ihrem erfüllten Leben trennt.

Mein Ziel mit diesem Buch und auf unseren Seminaren besteht darin, den Teilnehmern Mittel und Wege aufzuzeigen, wie sie einhundert Mal glücklicher und erfolgreicher werden. Meine Trainer und ich sehen unsere Aufgabe darin, Sie auf diesem Weg mit allen uns verfügbaren Mitteln zu unterstützen und zu fördern. Deshalb investieren wir, im Anhang zu diesem Buch, in Sie und reichen Ihnen die Hand, sich selbst zu fördern. Ich bin gespannt, wie Sie handeln werden.

Wenn Sie so optimistisch sind, dass Sie glauben, unser Universum würde Sie beschenken, ohne dass Sie etwas dafür tun müssen, dann sind wir ganz sicher nicht die Richtigen für Sie. Sofern Sie aber daran interessiert sind, zügig und vor allem dauerhaft voranzukommen, dann lassen Sie uns fortfahren. Es kommt nicht darauf an, in welcher Situation Sie sich zurzeit befinden, sondern ob Sie neugierig und bereit sind, sich weiterzuentwickeln.

Wahrscheinlich ist es Ihnen ähnlich ergangen wie mir. Als ich geboren wurde, hat man vergessen, mir ein Betriebshandbuch mitzugeben, in dem ich hätte nachlesen können, wie ich erfolgreich, glücklich, frei und unabhängig werden kann. Heute haben Sie die Möglichkeit, sich dieses Handbuch selbst zu erstellen. Wenn Sie bereit sind, nach dem Motto „Was Tausende vor mir konnten, kann ich auch" zu verfahren, dann sind Sie auf dem besten Weg dazu, innerlich so stark zu werden, dass Sie in Zukunft genau das erreichen, was Sie anstreben.

Eines der Geheimnisse der erfolgreichsten Menschen auf unserer Welt ist: Sie entwickeln sich ständig weiter und wachsen. Deshalb gestatten Sie mir auch eine Warnung. Wenn Ihnen ohne innere Voraussetzungen Erfolg und Glück zufallen, so ist das ein Glücksfall, der Ihnen sagen will: „Erschließe die Anlagen, die in dir angelegt sind." Es ist ein deutlicher Hinweis darauf, dass ohne die Bereitschaft, die erforderlichen Fähigkeiten und Potenziale zu erschließen und die entsprechenden Ausrichtungen vorzunehmen, Sie alles wieder verlieren werden. Es tritt der bereits beleuchtete Thermostat-Effekt ein, der sich besonders deutlich und oft bei Lottogewinnern zeigt.

Sollten Sie jedoch von innen nach außen eine erfolgreiche und glückliche Persönlichkeit werden, werden sie Ihr Glück und Ihren Wohlstand nicht nur behalten, sondern ständig weiter mehren.

Es ist ein weitverbreiteter Irrglaube zu denken: Wenn ich viel Geld hätte und tun könnte, was ich wollte, dann wäre ich erfolgreich! Weit gefehlt, eine solche Überzeugung führt höchstens dazu, alles wieder zu verlieren, wenn die Betreffenden tatsächlich einmal zu Geld kommen.

Merken Sie sich bitte die folgende Formel:

$$\text{Misserfolg} = \textbf{Haben} > \textbf{Handeln} > \textbf{sein}$$
$$= \text{Lebensqualitätsverlust}$$

$$\text{Erfolg} = \textbf{sein} > \textbf{Handeln} > \textbf{Haben}$$
$$= \text{Lebensqualitätsgewinn}$$

In der heutigen Welt wollen viel zu viele gleich etwas sein, ohne es werden zu wollen. Erfolg ist aber nicht eine Frage dessen, was man hat, sondern wer jemand ist. Und so besteht der wahre und intelligente Erfolg nicht darin, möglichst viele materielle Werte anzuhäufen – das sollte ein angenehmer Nebeneffekt sein –, sondern zu dem bestmöglichen Menschen zu werden, der man sein kann.

Was ein Mensch letztlich ist, entscheidet er selbst, und darin kann ihm niemand helfen. Wer er aber sein will, darin kann man ihn unterstützen. Wir können Sie fördern, zu dem zu werden, der Sie sein wollen. Wir können Ihnen das erforderliche innere Wissen vermitteln und die effektivsten Vorgehensweisen anbieten. Und wir können Ihnen helfen zu trainieren, die innere Stärke zu entwickeln, die Ihnen außergewöhnliche Erfolge ermöglichen und Sie unabhängig, frei und glücklich machen.

Natürlich gehören zu Ihrer inneren Stärke auch äußere Werkzeuge. Das bedeutet, dass Sie zusätzlich zu den ausgerichteten Verhaltensmustern und neuen Erfolgsmustern auch ein Spezialist auf dem Gebiet werden dürfen, auf dem Sie erfolgreich sein wollen. Die wirklich erfolgreichen Menschen sind Spezialisten auf ihrem Fachgebiet, die Mittelschicht ist, wie der Name schon sagt, eher mittelmäßig, und die Menschen aus der unteren Schicht beherrschen meist gar kein Fachgebiet oder nur sehr unzureichend.

Wie gut Sie heute sind, können Sie wertfrei und neutral an Ihrem Einkommen sehen. Wenn Sie mehr verdienen wollen, müssen Sie bereit sein, besser zu werden. Die bestbezahlten Menschen auf unserer Welt sind Spezialisten auf Ihrem Gebiet. Schauen Sie sich im Sport oder in der Geschäftswelt um. Es sind die Besten der Besten, die das große Geld verdienen. Allerdings haben Menschen wie Michael Schumacher, Steffi Graf, Boris Becker ihr Augenmerk nicht vordringlich auf das Geldverdienen gerichtet, sondern auf ihre Leistung; genauso wie die intelligent Erfolgreichen in der Geschäftswelt, Bill Gates, Warren Buffet, der Apple CEO Steve Jobs oder Donald Trump. Sie alle bleiben auf dem Laufenden, sind informiert und lernen ständig weiter. Und sie achten immer darauf, heute und morgen von anderen Menschen zu lernen. Die wirklich Erfolgreichen lassen sich von denjenigen beraten, die auf ihrem Gebiet erfolgreicher sind als sie selbst. Die weniger Erfolgreichen lassen sich von Ihren Freunden beraten oder von Menschen, die auf der gleiche Stufe oder niedriger stehen wie sie, denn dann sehen sie selbst besser aus.

Wenn ich einen bestimmten Berg besteigen will, dann engagiere ich doch sinnvollerweise einen Bergführer, der den Berg schon einmal bestiegen hat. Jemanden zu nehmen, der mich zwar führen kann, aber ansonsten nicht mehr weiß als ich, ist mit viel mehr Risiken verbunden. Seien Sie also klug in der Auswahl ihrer Berater und Trainer. Es gibt gute, bewährte und erfolgreiche Wege zum Gipfel eines Berges, und ebenso gibt es bewährte und erfolgreiche Strategien und Vorgehensweisen, um die Ziele zu erreichen, die Sie anstreben. Sie brauchen nur bereit sein, sie kennenlernen und anwenden zu wollen.

Wenn Sie wirklich interessiert sind, außergewöhnlich erfolgreich, frei, unabhängig und glücklich zu werden, dann biete ich Ihnen einen weiteren Blickpunkt an. Richten Sie jetzt sofort ein Konto für persönliche Entwicklung und Weiterbildung ein und zahlen Sie monatlich 10 Prozent Ihres Nettoeinkommens darauf ein. Kaufen Sie davon Bücher und CDs, die Sie unterstützen, und besuchen Sie mit diesem Geld Seminare, die Ihnen das Wissen und die Werkzeuge an die Hand geben, mit denen Sie das erreichen, was Sie anstreben. Welche unterschiedlichen Wege zur Weiterentwicklung Sie auch immer mit diesem Geld finanzieren, das Konto stellt sicher, dass es da ist, wenn Sie es brauchen, um weiter lernen und wachsen zu können. Es gibt keine bessere Geldanlage als die Investition in Ihre Weiterentwicklung! Die beste Kapitalanlage der Welt ist wie gesagt die Investition in sich selbst!

Erfolgsvitamin 22

Ich lege meine Hand auf mein Herz und lasse ein geistiges Bild zu dem folgenden Satz, den ich laut ausspreche, entstehen: *„Ich bin bereit, mich ständig weiterzuentwickeln und zu wachsen."*
Klare Entscheidung: *„Ich entscheide mich für meinen Erfolg."*
Hand auf die Stirn: *„Ich denke wie die erfolgreichsten Menschen auf unserem Planeten."*

Maßnahmen zur Verstärkung des Erfolgsvitamins 22

1. Um sich weiterzuentwickeln, lesen Sie jeden Monat mindestens ein Buch oder hören Sie eine CD mit Inhalten der von Ihnen angestrebten Ziele.

2. Besuchen Sie mindestens ein Seminar pro Jahr im Bereich Erfolg, Wirtschaft, Finanzen oder persönlicher Entwicklung oder wiederholen Sie ein solches.

3. Lassen Sie sich coachen, wenn Sie in einer Situation feststecken. Ein Trainer kann Ihnen aus solchen Situationen heraushelfen und Ihnen helfen, sich erneut zu fokussieren.

4. Belegen Sie eines unserer Seminare! Sie werden, wie viele Tausende vor Ihnen, regelrechte Entwicklungssprünge machen.

Falls noch nicht geschehen, gehen Sie auf unsere Website www.KEETSeminare.com und laden Sie sich die grafisch gestalteten „Erfolgsvitamine", „Erfolgs-Checkliste", „Wofür ich mir dankbar bin" und die „Maßnahmen zur Verstärkung der Erfolgsformeln" kostenlos herunter. Wir bieten Ihnen auf unserer Seite auch kostenlose Tests an, die Ihnen zeigen, wo Sie heute stehen.

Der Erfolgreiche beginnt nur, was er beendet,
und der Erfolglose beginnt viel, ohne es zu beenden.

Womit soll ich jetzt beginnen?!

Wie Sie jetzt weitermachen? Das liegt natürlich bei Ihnen. Seien Sie sich aber bewusst, solange Sie nur darüber nachdenken, wird wenig geschehen. Ich hoffe zwar, dass Ihnen das Lesen meines Buches Spaß gemacht hat, doch sollten Sie nicht entsprechend handeln, hat es seinen Zweck verfehlt. Nur durch das Anwenden der Erfolgsvitamine, Maßnahmen, Grundsätze und Spielregeln in diesem Buch werden Sie Ihr Leben außergewöhnlich verbessern können. Ihre Verhaltens- und Erfolgsmuster, aus denen Ihre Denkweisen, Gewohnheiten und Überzeugungen hervorgehen, sind die Grundlagen für Ihre Erfolge. Deren Realisierung in der realen, physischen Welt setzt jedoch Ihr Handeln voraus.

Wenn es Ihnen ernst ist mit dem Wunsch, außergewöhnlich erfolgreich zu werden, dann studieren Sie dieses Buch regelrecht und setzen Sie Ihre Erkenntnisse gewissenhaft um. Vertrauen Sie auf die förderliche Wirkung der „Vitamine fürs Bewusstsein". Diese neuen Erfolgsmuster werden dazu führen, dass Sie Wunder bewirken. Wenn Ihre ersten Wunder Realität geworden sind, lassen Sie uns an Ihrer Geschichte teilhaben. Wir würden uns gerne mit Ihnen an Ihrem Erreichten freuen.

Schreiben Sie an: Info@KEETSeminare.com.

Lassen wir noch einmal den Biologen Dr. Bruce H. Lipton zu Wort kommen; „... Wir können unsere eigene Biologie steuern, so wie ich dieses Textprogramm steuere, mit dem ich gerade schreibe. Wir haben die Macht, die Daten zu bestimmen, die wir in unseren Biocomputer eingeben, so wie wir wählen können, welche Worte wir tippen. Wenn Sie begreifen, wie die IMPs unsere Biologie steuern und wir unsere IMPs, dann werden wir zu Meistern unseres Schicksals."

Warum wir ein Meister unseres Schicksals sind, hat Dr. Jeffrey Satinover[14] so formuliert: „Die Materie ist im Wesentlichen ‚nichts', völlig substanzlos. Das Sicherste, was man über diese substanzlose Materie sagen kann, ist, dass sie mehr wie ein Gedanke ist, sie ist eine Art konzentrierte Information."

Diese Aussage geht noch weit über die von Bruce H. Lipton hinaus. Es freut mich zu sehen, wie aus allen Bereichen der modernen Wissenschaften, wie der Epigenetik und der Quantenphysik, die Inhalte dieses Buches und unserer Seminare mittlerweile bestätigt werden.

Ich habe von einer praktischen Seite darüber geschrieben, auf welche Weise Ihre Gedanken Ihre bestehenden Verhaltens- und Erfolgsmuster beeinflussen und wie Sie damit Ihr Schicksal bestimmen können. Mit den praktischen Übungen und Anwendungen in meinem Buch injizieren Sie die gedanklich konzentrierten Informationen bis tief in Ihre Zellen hinein. Ihre IMPs speichern die konzentrierte Information und lassen Sie so zu einem Meister Ihres Schicksals werden, allerdings nur wenn Sie die angebotenen Maßnahmen auch gewissenhaft durchführen. Handeln Sie, auch wenn es unbequem zu sein scheint. Sie wissen doch inzwischen, eine gewisse Unbequemlichkeit ist ein sicheres Anzeichen dafür, dass Sie ihre Komfortzone verlassen haben und auf dem Weg zu größeren Erfolgen sind.

Nehmen Sie sich die Erfolgsvitamine im ersten Monat möglichst einmal pro Tag vor, legen Sie Ihre Hand auf Herz und Stirn und sagen Sie jedes einzelne für sich auf. Die Information wird dadurch

---

[14] **Dr. Jeffrey Satinover** hat Abschlüsse am MIT (Massachusetts Institute of Technology), in Harvard und an den Universitäten von Texas und Yale. Er ist Absolvent des C. G. Jung-Institutes in Zürich und leitete die C. G. Jung-Stiftung in New York. Seine in 9 Sprachen übersetzten Bücher zu Themen der Religionsgeschichte, Computergestützte Neurowissenschaften und der Quantenmechanik sind Bestseller.

immer deutlicher und dringt immer intensiver bis zu jeder Ihrer IMPs durch.

Wie ich hoffentlich in diesem Buch deutlich machen konnte, lassen die in unserem Unterbewusstsein gespeicherten Verhaltensmuster uns reflexartig reagieren. Das wird auch für Ihre neuen Erfolgsmuster gelten, sofern Sie sich an die Vorgehensweisen in diesem Buch halten. Je nach der Intensität Ihres Einsatzes können diese Reflexe lauwarm oder zielstrebig und für die Realisierung Ihrer angestrebten Erfolge durchschlagend sein. Es liegt an Ihrem Einsatz, den Sie bereit sind, für Ihr erfolgreiches und erfülltes Leben zu bringen.

Ich lade Sie erneut ein, sich unsere kostenlosen Listen und Maßnahmen von unserer Website herunterzuladen, die Listen auszufüllen und gut sichtbar an einen Platz zu hängen, an dem Sie möglichst oft vorbeikommen. Wann immer Sie Ihnen dort ins Auge springen, setzen Sie die Erfolgsformeln erneut in Ihr Bewusstsein ein. Ich weiß, ich wiederhole mich! Ich bin aber der Meinung, man kann es nicht oft genug wiederholen, dass sich auf diese Weise Ihre neuen Erfolgsmuster verstärken, wodurch sie schneller zu Erfolgsgewohnheiten und damit durchschlagender werden. Nur mit kraftvollen Erfolgsmustern werden Sie eine völlig neue Sicht auf die Chancen bekommen, die Ihnen Ihr Leben anbieten wird. Erst durch diese Sicht werden Sie Ihre Chancen voll ausnutzen können.

Nach dem ersten Monat sollten Sie die Erfolgsvitamine auf Dauer möglichst mehrmals in der Woche durch Anwenden einnehmen. Befolgen Sie unbedingt auch die praktischen Maßnahmen. Sie beschleunigen Ihr inneres Wachstum, womit die positiven neuen Ausrichtungen weiter automatisiert und somit immer effektiver werden. Dazu ist es erforderlich, dass Sie alle angebotenen praktischen Anwendungen umsetzen. Wenn Sie nur darüber nachdenken und reden, werden Sie keine wirklichen Fortschritte erzielen können. Vor allem hören Sie nicht auf die Stimme in Ihrem Kopf, die Ihnen möglicherweise einreden will: „Ich brauche keine Übung.

Ich habe keine Zeit für so etwas. Außerdem habe ich doch alles verstanden." Genau so spricht Ihre alte Konditionierung zu Ihnen. Wenn Sie auf die Stimme Ihrer überholten Verhaltensmuster hören, war die Zeit, die Sie in das Lesen dieses Buches investiert haben, vergebens. Besagte Stimme will sie in Ihre Komfortzone der Bequemlichkeit ziehen, um den Status quo aufrechtzuerhalten. Wenn sich ein solches Erfahrungsprogramm meldet, sagen Sie einfach: „Schön, dass es dich gibt! Danke für die Information, löschen bitte." Durchlaufen Sie sofort anschließend die Spiegelübung und setzen Sie ganz bewusst das um, wovon Sie die Bequemlichkeit abhalten wollte.

Machen Sie sich und Ihren zukünftigen erfüllenden Erfolgen ein Geschenk. Trennen Sie sich von Ihren vorgefassten Annahmen über sich selbst! Erst dadurch werden Sie sich in einem Umfang weiterentwickeln und Erfolge realisieren können, die größer sind, als Sie es heute für möglich halten. Lesen Sie dieses Buch deshalb immer wieder. Je mehr Sie sich mit dem Buch befassen, desto intensiver werden Sie die Inhalte verinnerlichen. Auf diese Weise wird Ihnen das Handeln immer leichter fallen, und umso schneller werden Sie den Punkt erreicht haben, an dem Ihre neuen Erfolgsmuster zur Gewohnheit geworden sind.

Mein Antrieb und meine Inspiration sind es, Menschen dabei zu unterstützen, Ihr Schicksal in die eigene Hand zu nehmen und sich auf den Weg in ein erfolgreiches, erfülltes, freies, glückliches und unabhängiges Leben zu machen. Ich war immer dankbar, Menschen zu treffen, die mir halfen, mich zu verbessern, und ich bin dankbar, heute Menschen helfen zu dürfen, die sich schnell, spielerisch und dauerhaft verbessern wollen. Ich möchte Sie noch einmal von ganzem Herzen einladen, erfolgreicher, glücklicher und erfüllter zu werden. Unser KEET-Success-Mind-Basic-Seminar ist ein ideales Sprungbrett in eine völlig neue Welt der Erfolge. Dort werden Sie alles über Bord werfen, was Sie bisher am Erreichen Ihrer Ziele gehindert hat und eine völlig neue Sicht auf Ihr Leben und auf Ihre Beziehungen erhalten. Falls Sie sich einen Eindruck von der Methode der KEET-Eigendialogkommunikation verschaffen wollen, besuchen Sie unsere Abend-Informations-Seminare oder unser dreitägiges KEET-Success-Mind-Start-up-Seminar. Auf dem Start-up-Seminar werden Sie einen ersten Eindruck von der Effektivität der Eigendialogkommunikation bekommen und erste großartige Erkenntnisse und Ergebnisse mit nach Hause nehmen.

Die überwiegende Mehrheit der Teilnehmer unserer EET-Success-Mind-Seminare spricht von einer der wichtigsten Erfahrungen in ihrem Leben. Eine Zeit, in der sich Spaß mit tiefgründigen Erkenntnissen ständig abwechselt. Sie beschreiben diese Zeit, in der sie sich entscheidende zusätzliche Potenziale und Fähigkeiten für ihr dauerhaft wesentlich erfolgreicheres Leben erschlossen, als eine der wichtigsten in ihrem Leben. Unsere Teilnehmer treffen Gleichgesinnte, von denen viele zu lebenslangen Freunden und Geschäftspartnern werden.
Ich freue mich darauf, Sie einmal persönlich kennenzulernen. Bis dahin bedanke ich mich bei Ihnen, dass Sie sich durch das Lesen dieses Buches die Zeit genommen haben, einmal nur etwas für sich selbst zu tun.

Meine Frau und ich wünschen Ihnen
alles Liebe, Glück und Erfolg

Ihr
Heinz-Jürgen Scheld

Was unserer Teilnehmer berichten

Dies ist nur eine kleine Auswahl aus Tausenden von Teilnehmern, die unsere Seminare besucht haben.

Ich hatte alles versucht, aber was ich auch unternahm, es wollte mir einfach nichts gelingen. Mit Mitte zwanzig sah ich voller Selbstmitleid, Scham und ohne Selbstbewusstsein in eine hoffnungslose Zukunft. Ein Freund überredete mich in wochenlangen Gesprächen zu einem Besuch des KEET-Basic-Seminars. Noch am Anreisetag wollte ich absagen, denn was sollte mir ein weiteres Seminar schon bringen. Höchstens ein paar gute Ratschläge, die sich dann auch wieder nicht umsetzen lassen würden. Mein Freund Frank wiederholte das Seminar und nahm mich in seinem Auto mit. Andernfalls wäre ich sicher auf halber Strecke umgedreht.
Es begann, wie ich es geahnt hatte, das kannte ich doch alles schon. Doch nach einem halben Tag begann ich zu begreifen, inwieweit ich mein Schicksal selbst bestimme. Also auch die Situation hervorgebracht hatte, in der ich mich befand. Mit den Eigendialogübungen gewann ich meine Antriebskraft zurück und begann, wieder lohnenswerte Ziele zu sehen und mich darauf auszurichten. Plötzlich erkannte ich auch, wie ich diese Ziele erreichen konnte. Nie hätte ich gedacht, wie viel Spaß und Freude es machen kann, sein Schicksal selbst bestimmen zu können.
Heute bin ich durch meine intelligenten Erfolge frei und unabhängig. Ich widme mich der Aufgabe, meine Erkenntnisse weiterzugeben, damit auch andere erfolgreich werden und voller Zuversicht in die Zukunft schauen können. Nie hätte ich es für möglich gehalten, dass mir ein solcher Erfolg und so eine Freude am Leben möglich sein könnten.
Ich danke euch, liebes KEET-Team.
Robert Welker, Stuttgart

Als wir uns entschlossen, das KEET-Success-Mind-Basic-Seminar zu besuchen, hatten wir keine Ahnung, was wir eigentlich erwarten sollten. Aber unsere wirtschaftliche Misere und dauernden Streitereien um Geld waren dabei, uns, nach über zwanzig Jahren, auseinanderzubringen. Es war nicht so, dass wir nicht erfolgreich gewesen wären. Mein Mann und ich hatten gute Positionen in krisensicheren Unternehmen. Aber irgendwie machte uns der Erfolg nicht glücklich. Je mehr wir verdienten, desto mehr gaben wir aus, ohne das Gefühl zu haben, dadurch zufriedener zu werden. Im Gegenteil, wir wurden unzufriedener und verschuldeten uns auch noch.

Im Verlaufe des KEET-Basics ging uns ein Kronleuchter nach dem anderen auf. Plötzlich wurde klar, warum es gar nicht anders hatte kommen können. Unsere Verhaltensmuster hatten uns gar keine andere Chance gelassen, als erfolgreich und gleichzeitig unglücklich zu werden. Geld musste ausgegeben werden, um die Unzufriedenheit zu mildern. Seit über zwanzig Jahren befanden wir uns in einem Kreislauf von realisierten Erfolgen, Unglücklich sein und Geldausgeben. In der Hoffnung, dadurch glücklicher zu werden.

Es sind seit dem Besuch unseres KEET-Basics so viele Jahre vergangen, und wir sind beide in unseren Unternehmen die Karriereleiter weiter hinaufgeklettert. Aber jetzt sind wir überaus glücklich und mittlerweile auch wohlhabend. Die KEET-Seminare haben uns dies ermöglicht, und so ist das Einzige, was wir wirklich bedauern, dass wir nicht viel früher von KEET, dem dort vermittelten Wissen und den Eigendialogübungen erfahren haben.

Vielen Dank an euch alle
Gerhard und Bettina Wohlfahrt, Hannover

Wenn mir jemand gesagt hätte, ich würde einmal Inhaber eines Unternehmens mit über hundert Mitarbeitern sein, dann hätte ich ihn ausgelacht. Wie sollte so etwas möglich sein? Ein Traum, ein

Wunsch, ein Ziel. Ja, aber ich hatte keine Ahnung, wie ausgerechnet mir dies gelingen könnte.
Durch das bei KEET entwickelte tiefe Verständnis für mich selbst und das Wissen um die unglaublich großartigen Abläufe zwischen meinem Bewusstsein und meinem Unterbewusstsein habe ich gelernt, diese Abläufe für mich zu nutzen. Fast alle meine Mitarbeiter waren mittlerweile auf dem KEET-Basic und wir sind ein unschlagbares Team geworden. Ich sehe heute Chancen, wo früher ein von Angst und Zweifeln angefülltes schwarzes Loch war. Ich, nein, wir sind auf einem sehr positiven Weg zu mehr Erfolg und wirtschaftlicher Freiheit. Großartig!
Bernhard Lindner, Wien

Viele Jahre war ich auf der Suche nach einer harmonischen Beziehung. Es fiel mir nie schwer, auf Menschen zuzugehen, da ich sehr offen und extrovertiert bin. Dies war einer der Gründe, warum ich als Verkäufer sehr erfolgreich war und gut verdiente. Allerdings wollte es mir nicht gelingen, eine Partnerin für eine harmonische Beziehung, nach der ich mich so sehr sehnte, zu finden. Immer wenn ich eine neue Beziehung einging, ließen meine geschäftlichen Erfolge schlagartig nach. Die Spannungen, die sich dadurch aufbauten, zerstörten die Beziehung immer wieder. War ich dazu bestimmt, erfolgreich und alleine oder zu zweit und erfolglos zu sein?
Auf dem KEET-Success-Mind-Seminar fiel es mir wie Schuppen von den Augen. In meiner Kindheit hatte ich von meinem Vater immer gehört: „Traue den Frauen nicht, sie wollen nur dein Bestes – dein Geld." Obwohl ich diese Aussage schon lange vergessen hatte, hatte sich diese Programmierung in jeder meiner Beziehungen durchgesetzt und so für den nachlassenden Erfolg und die Spannungen gesorgt. Ich musste aus der Beziehung raus, bevor ich mein Bestes verlor. Verrückt!

Heute lebe ich seit über 12 Jahren in einer glücklichen Beziehung, meine Frau und ich haben zwei Kinder, und ich bin mit meinen intelligenten Erfolgen kurz davor, meine völlige finanzielle Freiheit realisiert zu haben. Ich werde die Zeit mit euch in Malbun nie vergessen.
Lothar Berger, Zürich

Meine Partnerin und ich lebten schon seit fünf Jahren zusammen und zu unserem Glück fehlte eigentlich nur ein wenig mehr wirtschaftlicher Erfolg. Gerade hatte man mir in meiner Firma, schon zum zweiten Mal das Gehalt gekürzt, und es wurde schwierig, die Raten für unsere Eigentumswohnung und die sonstigen Lebenshaltungskosten aufzubringen. Ein Ausweg musste her. Ein Freund erzählte uns von den Success-Mind-Seminaren und meinte, wenn wir wirklich an einer Lösung unserer Situation interessiert wären, sollten wir an einem der Seminare teilnehmen.
Auf dem KEET-Basic waren wir überrascht von der harmonischen, aber trotzdem hocheffektiven, Atmosphäre. Wir lernten Tools kennen, bei denen wir den Eindruck hatten, man könnte Wunder bewirken. Es blieb nicht bei dem Eindruck! Wir bewirken Wunder und haben gerade unseren zehnten Hochzeitstag gefeiert, leben in einem sehr schönen Haus am Waldrand und mein Einkommen ist heute fast viermal so hoch wie damals vor dem Seminar. Es könnte weit höher sein, aber ich nehme mir lieber ausreichend Zeit für meine Familie und mich. Wir sind glücklich! Ihr seid ein tolles Team. Danke für euren Einsatz und den Möglichkeiten, die ihr den Menschen eröffnet!
Peter und Sabrina Herald, Bonn

Mein Leben hat sich um 180 Grad gedreht nach der Teilnahme am KEET-Success-Mind-Basic-Seminar. Während ich mich vorher in einer sich scheinbar immer schneller drehenden Abwärtsspirale befand, habe ich heute das Gefühl, von einer Erfolgsspirale immer weiter nach oben befördert zu werden. Meine Frau und ich haben auf dem KEET-Basic und erst recht auf dem Advanced so viel für uns erkannt, dass es in Worte hier nicht auszudrücken ist. Ich schreibe diese Zeilen über zehn Jahre nach dem Besuch unseres KEET-Basics. Immer noch haben wir das Gefühl, es wäre erst gestern gewesen, als wir all die Werkzeuge erhalten und deren großartige Möglichkeiten der Anwendung gezeigt bekommen haben. Nach wie vor setzen wir die KEET-Eigendialogübungen zum Erreichen unserer Ziele ein, und immer wieder sind wir überrascht, wie wirkungsvoll und effektiv sie sind.

Der Erfolg hat uns seit unserer KEET-Zeit nie mehr verlassen und wir führen durch das bei KEET erfahrene Wissen um die Zusammenhänge zwischen Erfolg und Liebe eine harmonische Ehe in gegenseitigem Respekt, Achtung und Liebe. Am meisten freut es uns, dass wir durch das KEET-Wissen in der Lage sind, unseren Kindern viele Erblasten, die wir von unseren Eltern vererbt bekommen haben, ersparen können.

Christine und Burghard Hoffmann, München

Ehrlich gesagt war ich nicht sehr überzeugt, dass ein Seminar in der Lage sein könnte, mir zu helfen. Seit Jahren lebte ich von der Sozialhilfe und war durch meinen Mann völlig überschuldet. Er hatte mich verlassen und durch meine Bürgschaft auf einem Berg Schulden sitzen lassen.

Nachdem ich immer wieder von den KEET-Success-Mind-Seminaren gehört hatte, besuchte ich einen Informationsabend, und Heinz-Jürgen Scheld sprach von der Möglichkeit, mit den Eigendialogübungen verborgene Potenziale und Fähigkeiten erschließen, Verhaltensmuster ausrichten und Erfolgsmuster starten zu können, die intelligente Erfolge ermöglichen würden. Ach ja, wie sehnte ich mich danach, aber ich dachte: Wieder so ein guter Redner, der dir Wunder verkaufen will, die dann doch nicht wahr

werden. Aber er hatte etwas in mir ausgelöst, und ich beschloss, hinzugehen, denn wenn nicht, wirst du immer darüber nachdenken, ob du vielleicht eine Chance verpasst hast, sagte ich mir.
Es war die beste Investition meines Lebens. Heute bin ich schuldenfrei, habe Guthaben auf meinen Konten und einen liebevollen Lebenspartner. Nie hätte ich es für möglich gehalten, dass eine Lebenseinstellungsänderung so viel Positives bewirken kann. Ich danke euch für das Wissen und die Möglichkeiten, die ihr mir damit eröffnet habt. Ich liebe euch!
Sarah Müller, Linz

Danksagung

Es gibt so viele, die mich motiviert und beim Schreiben unterstützt haben, sodass es den Rahmen sprengen würde, sie hier alle namentlich zu erwähnen. Gleichwohl gilt all diesen Menschen mein Dank mindestens in der gleichen Weise wie den namentlich Erwähnten.

Mein besonderer Dank gilt in diesem Zusammenhang allen ehemaligen Teilnehmern meiner Seminare. Sie haben mir durch ihren Einsatz für sich selbst zu tieferen Einsichten verholfen, von denen viele in dieses Buch eingeflossen sind.

Danken möchte ich von ganzem Herzen meiner Frau Beate, die mich in besonderer Weise motiviert und unterstützt hat.

Ein weiterer ganz besonderer Dank gilt Peter Mertingk, Diplom-Betriebswirt und KEET-Trainer, der sich in beeindruckender und selbstloser Weise für das Wiederaufleben der KEET-Seminare einsetzt. Er gab mir viele sehr gute und hilfreiche Hinweise zu diesem Buch.

Einmaliges Angebot

Hier ist nun meine ausgestreckte Hand! Ich habe immer wieder erwähnt, wie entscheidend es ist, in Menschen zu investieren, die außergewöhnlich erfolgreich werden möchten. Ich investiere mit diesem Angebot in Sie! Sind auch Sie bereit, in sich zu investieren und zu einem Vorbild für andere zu werden?

http://www.keetseminare.com/news/investitionsgutschein.html